L'EDUCATION DU CHIHUAHUA

Toutes les astuces pour un Chihuahua bien éduqué

Par Mouss Le Chien

AU PROGRAMME

AVANT PROPOS

Avant tout, nous voulons vous remercier d'avoir choisi notre ouvrage pour commencer ou approfondir l'éducation de votre Chihuahua.

Notre objectif est de vous apporter une vue d'ensemble des comportements à adopter avec lui et surtout de bien connaître les pièges à éviter.

Afin de vous donner toutes les clés essentielles pour que votre relation avec votre chien soit la plus harmonieuse possible, nous vous aidons point par point autour de différents thématiques qui vous aiderons à vous rapprocher de votre compagnon. Sachez que c'est cette complicité qui vous permettra d'obtenir un chien bien dans son corps et dans sa tête et vous verrez que cela facilitera grandement son éducation.

Nous commencerons par vous en dire un peu plus sur le Chihuahua puis nous irons plus loin en abordant différents thèmes : le comportement du chien, l'apprentissage de base, apprendre à vivre en société, apprendre des tours, jeux à faire avec lui et enfin les sports canin.

Nous espérons vous donner pleins d'idées pour faire un maximum d'activités complices avec votre Chihuahua.

N'hésitez pas à lire en diagonale les sujets que vous maîtrisez et à vous attarder sur les points qui posent problème ou que vous n'avez jamais abordés.

Servez-vous en comme d'un manuel, piochez au quotidien les infos pratiques en fonction de vos besoins.

Gardez-le près de vous, vous pourriez bientôt en avoir besoin !

Bonne lecture, L'équipe de Mouss Le Chien

LE CHIHUAHUA

Ces dernières années, le Chihuahua est devenu une véritable icône de mode, lui qu'on voit au bras de toutes les starlettes ! Il faut dire que cette adorable boule de poils connue comme le plus petit chien du monde a de quoi faire craquer.

Mais comment se comporte ce si mignon chien de compagnie ? Découvrons-en plus sur son histoire et son caractère !

L'HISTOIRE DU CHIHUAHUA

Vous l'ignorez peut-être, mais le nom Chihuahua est issu d'un état mexicain, dans lequel serait apparue cette race. À vrai dire, il est très difficile de retracer les origines du Chihuahua. Comme pour beaucoup de chiens, on ne peut s'appuyer que sur des hypothèses.

Ainsi, certains considèrent que la race des Chihuahuas est issue de chiens nus amérindiens. On trouve ainsi des descriptions de chiens très similaires dès l'époque toltèque. D'autres considèrent que les Chihuahua sont descendants de chiens chinois.

Toujours est-il que les Américains ont commencé à développer un grand intérêt pour cette race à la fin du XIXe siècle. Depuis, le Chihuahua est devenu un chien de compagnie à succès, répandu à travers les quatre coins du globe.

LES DIFFÉRENTS TYPES DE CHIHUAHUA

La couleur de pelage d'un Chihuahua n'est pas un critère déterminant pour la race, même si la plupart des maîtres vont rechercher un Chihuahua fauve ou marron, car ils sont les plus populaires.

N'en reste pas moins qu'on peut trouver des Chihuahua aux robes diverses :

- ○ Fauve
- ○ Marron

- ⭘ Blanc
- ⭘ Noir
- ⭘ Crème
- ⭘ Feu et noir
- ⭘ Gris argent
- ⭘ Marron bringé
- ⭘ Fauve argenté

Les mélanges de couleurs sont également acceptés pour cette race, si bien qu'on va retrouver de nombreux Chihuahuas bien différents. Notons enfin qu'il existe des Chihuahua à poil long tout comme des Chihuahua à poil court.

LE PHYSIQUE DU CHIHUAHUA

Même si c'est le chien le plus petit du monde, le Chihuahua reste assez harmonieux dans sa construction. Assez compact, son corps reste musculeux, même pour sa taille, ce qui en fait un chien très résistant.

Les membres sont bien droits et offrent un parfait équilibre. La silhouette est soulignée par une queue de taille moyenne, et bien fournie en poils pour les Chihuahua à poil long.

Il est à noter que le poids du Chihuahua va varier énormément en fonction du chien. On trouve aussi bien des petits chiens de moins d'un kilogramme que des Chihuahua de près de trois kilogrammes.

La gueule du Chihuahua est caractéristique, avec sa tête ronde, ses yeux légèrement saillants et ses deux grandes oreilles bien écartées. L'animal a souvent une expression vive.

- ⭘ Poids du Chihuahua : le poids idéal pour un Chihuahua est de 2kg.
- ⭘ Taille du Chihuahua : le Chihuahua mesure environ 35 cm.
- ⭘ Poils : le poil du Chihuahua est court ou long selon sa variété

LE CARACTÈRE DU CHIHUAHUA

S'il a parfois mauvaise réputation, comme toutes les races de petit chien, le Chihuahua est un animal particulièrement vif et intelligent. Pour peu qu'il soit correctement sociabilisé, et non considéré comme un enfant, ce sera un chien parfaitement équilibré et social. Il est d'ailleurs assez facile de lui apprendre des tours.

Très sociable et affectueux, le Chihuahua aimera les câlins et sera assez proche de son maître. Il appréciera également la compagnie d'autres chiens, car il aime vivre en meute.

Plus sportif que son petit gabarit ne le laisse entendre, le Chihuahua sera un chien résistant et qui aime la marche. Il faudra d'ailleurs éviter de le porter systématiquement dans un sac, sans quoi il risque de développer des problèmes d'obésité.

Attention : le Chihuahua est un chien de caractère, malgré sa petite taille. Si vous ne lui imposez pas de limite ou que vous cédez à ses caprices, il risque rapidement de devenir le maître à la maison !

LE CHIHUAHUA : POUR QUI ?

Les Chihuahua sont des chiens très équilibrés, qui vont convenir à la plupart des maîtres. Chien de compagnie idéal, le Chihuahua peut aussi bien vivre en maison qu'en appartement, à condition bien entendu de le promener plusieurs fois par jour.

Ce chien sera facile à éduquer, mais attention à ne pas céder à ses charmes. Si vous ne faites pas preuve d'un peu de fermeté dans son éducation, il risque de développer un comportement gênant.

Si le Chihuahua ne représente aucun danger pour les enfants, l'inverse n'est pas forcément vrai ! En effet, la petite taille de ce chien le rend fragile. On évitera donc de le laisser avec de jeunes enfants, qui pourraient le blesser à cause de mouvements brusques, ou tout simplement se tourner vers une autre race de chien qui conviendra mieux à votre quotidien.

COMPRENDRE SON CHIEN

COMPRENDRE SON LANGAGE CORPOREL

Même sans la parole, votre chien s'exprime alors comment comprendre ses gestes corporel canin ?

Il ne nous manque que la parole, croyez-vous ? C'est peut-être vous qui ne savez pas toujours comment comprendre ce qu'on vous dit ! Nous, les chiens, on utilise l'ensemble de notre corps pour s'exprimer : les yeux, le dos, la queue, les pattes, les babines, … et bien d'autres encore ! On appelle ça le langage corporel et je vais vous donner les clés pour nous comprendre !

COMPRENDRE LES ÉMOTIONS POSITIVES DU LANGAGE CORPOREL DU CHIEN

Lorsqu'il est heureux ou qu'il veut partager avec vous quelque chose de positif, votre chien est détendu, ses muscles sont souples et relâchés. Mais plus précisément, selon les émotions, on peut noter des variantes.

LE BIEN-ÊTRE ET LE BONHEUR

Quand il se met sur le dos en se frottant les épaules et les reins sur le sol, parfois aussi le museau, votre chien exprime son bien-être. C'est toujours un plaisir de le voir comme ça ! Les yeux mi-clos sont aussi un signe de grande satisfaction.

ENVIE DE JOUER

Lorsqu'il prend la position du sphinx mais avec l'arrière-train relevé, votre chien veut vous faire comprendre qu'il a envie de jouer et besoin de se défouler. Souvent, une expression faciale qui rappelle le sourire, gueule à moitié ouverte accompagne cette position. Certains chiens le montrent aussi en faisant des bons et en jappant.

AMICAL

Un chien qui vous regarde avec la tête légèrement penchée se met en position amicale. On peut alors souvent remarquer que son corps est un peu courbe, et parfois il remue le bassin. Quelques coups de langue sur les mains sont envisageables.

LA JOIE

Lorsqu'il est heureux de vous retrouver ou de partir se promener, votre chien cherche à exprimer sa joie. Sauter sur vous, remuer énergiquement son arrière-train et sa queue, s'allonger avec les pattes avant tendues et l'arrière-train levé, japper, aboyer, parfois gémir : autant de manifestation de la joie qu'il éprouve à un moment !

L'ATTENTION

Un chien peut être attentif à votre voix comme aux bruits et odeurs familiers ou nouveaux, même si vous ne les percevez pas. Il dresse alors ses oreilles et redresse sa tête. Ses yeux sont grands ouverts et il reste immobile. Tant qu'il n'est pas tendu en avant sur ses pattes, il n'est pas inquiet, seulement en alerte et concentré.

ENVIE DE CARESSES

Un chien qui se tortille en vous présentant son arrière-train cherche des caresses sur le bas du dos. S'il aimerait, au contraire, que vous lui flattiez le ventre, il se met sur le dos les pattes avant devant lui le torse en avant.

COMPRENDRE LES ÉMOTIONS NÉGATIVES DU LANGAGE CORPOREL DU CHIEN

Eh oui, tout n'est pas toujours rose chez les chiens non plus !

CHIEN MÉFIANT

Si les signaux qu'il perçoit lui semble inquiétants, le chien en alerte se penche vers l'avant en tendant le cou au maximum, toujours immobile. Il peut émettre alors un léger grognement.

APEURÉ OU INQUIET

Les oreilles se penchent vers l'arrière, le chien s'aplatit un peu ou beaucoup et tient sa queue vers le bas et son dos voûté. On remarque que les muscles se tendent et que la position se fige. Le chien peut alors grogner et aboyer pour indiquer qu'il n'est pas à l'aise. Il peut arriver qu'il baille exagérément pour exprimer sa peur.

AGRESSIF ET MENAÇANT

Il peut être agressif soit parce qu'il a peur et souhaite sortir de la situation qui le met dans cet état, soit parce qu'il veut au contraire, menacer et chasser un intrus.

Pour impressionner, il hérisse le poil du dos, se tient droit et tient sa queue horizontale. Les babines se retroussent, montrant les canines et la gueule entrouverte. Il grogne de plus en plus fort et aboie très fort. Son regard est fixe, mais il ne faut surtout pas le soutenir : c'est une marque de défi et une invitation à attaquer. La queue bat vers le sol, lentement et avec force.

Le plus souvent, tous ces signaux sont des avertissements. Il est encore possible de désamorcer une attaque, mais elle est imminente.

S'il s'agit de votre propre chien, il ne faut ni le défier ni vous soumettre. Si le chien n'est pas le vôtre, il vaut mieux adopter une attitude soumise. Dans tous les cas, il faut éviter les gestes brusques.

CHIEN STRESSÉ

Un chien stressé en dehors d'une situation de combat réagit à sa façon. Il peut se gratter ou se lécher avec insistance sur une zone du corps, ou bailler à gorge déployée plusieurs fois de suite.

LES MESSAGES IMPORTANTS EN LANGAGE CORPOREL DU CHIEN

Dans la vie des chiens, il y a des encore d'autres variations, selon le contexte. On sait par exemple que pour eux, la hiérarchie est importante !

SOUMISSION ET DOMINATION

Le chien qui se soumet faire en sorte d'apparaître plus petit qu'il n'est. Il peut s'allonger sur le dos, par exemple, ou se recroqueviller. La queue basse, le poil hérissé sur le dos, le regard fuyant, il garde le cou près du sol mais le museau dirigé vers le dominant. Parfois, il le renifle et lui donne un petit coup de langue pour apaiser l'ambiance en montrant qu'il n'est pas en concurrence.

En revanche, le chien dominant essaie de paraître plus grand qu'il n'est et cambre le dos. Il est tendu vers l'avant, les oreilles droites ou un peu inclinées vers l'avant. La queue est horizontale et il grogne la gueule fermée, le regard fixé sur son adversaire. Ça, c'est pour le comportement de dominance agressive.

Une patte posée sur l'autre, le chevauchement ou la simulation sexuelle sont autant de signaux d'une domination pacifique.

AFFECTION ET PACIFICATION

Après une situation tendue, il n'est pas rare de voir un chien bailler. Lorsque vous le grondez, par exemple, ce n'est pas parce qu'il s'en moque, c'est pour détendre l'atmosphère ! Lorsqu'il donne des coups de museau vers votre visage ou qu'il vous lèche, c'est pour vous faire savoir qu'il vous apprécie.

BESOIN DE QUELQUE CHOSE ET FAIM

Tous les chiens ne s'y prennent pas exactement de la même façon pour demander quelque chose ou réclamer son repas. Certains tendent la patte, d'autres aboient, gémissent ou donnent des coups de museau dans les bras ou les jambes. Le maître doit en tenir compte, sans s'exécuter aussitôt pour éviter de faire croire au chien que c'est lui qui décide.

ENNUI ET MANQUE D'ATTENTION

Un chien qui s'ennuie peut bayer, gratter le sol, lécher interminablement un objet, gémir, se placer dans votre chemin en position du sphinx en vous regardant fixement, il peut aussi donner la patte avec insistance.

FAIRE CONNAISSANCE

Enfin, n'oublions pas que les glandes anales sont comme une carte d'identité pour les chiens. En se reniflant, ils en apprennent beaucoup sur le sexe, l'âge et l'état de santé de leur congénère. Il arrive, surtout chez les jeunes chiens, qu'ils reproduisent se comportement avec les humains. Bien que nous ne soyons pas équipés de glandes pleines d'informations, ils arrivent à en apprendre pas mal par ce biais.

LES LIMITES DE L'ANTHROPO MORPHISME

Il ne faut pas considérer le chien comme une copie de l'homme sur pattes. Ses réactions ne sont pas calquées sur les nôtres et bien des relations maître/chien souffrent des mauvaises interprétations du maître.

Par exemple, un chien qui vient mettre sa patte sur le bras ou la cuisse d'un humain ne fait pas un geste amical mais un geste de domination. Le chien a l'impression d'être franc et clair et ne comprendra pas vos réactions si vous ne tenez pas compte de ses messages. Attention à toujours rester observateur et à ne pas calquer vos émotions sur les siennes. Un chien ne se venge pas, par exemple, en détruisant des objets en votre absence. Il s'est senti abandonné et le stress généré l'a poussé à se défouler sur des objets.

COMPRENDRE LE LÉCHAGE DU CHIEN

Votre chien n'a pas sa langue dans sa poche ? D'ailleurs vous la retrouvez souvent sur vos pieds ou autre, cette langue baladeuse ! Les humains ne font pas ça, et vous vous demandez donc comment interpréter ce comportement. En fait, le message dépend de la situation et de ce que lèche le chien. Mouss va vous aider à décrypter ce langage corporel vieux comme le monde !

LE LÉCHAGE ENTRE LES CHIOTS ET LA MÈRE

Au tout début de sa vie, c'est leur mère qui commence à les lécher pour les rassurer, les nettoyer et leur montrer son affection. Dès tout petits, les chiots sont donc habitués à ce contact qui les rassure.

Lorsqu'ils sont sevrés, ils ont le réflexe spontané de lécher le museau de leur mère pour lui faire savoir qu'ils ont faim. Pour des chiens domestiques, c'est un simple signal, mais chez les loups, c'est un moyen de stimuler la régurgitation de nourriture à demi-digérée, très indigeste pour leurs estomac en cours de formation !

Certains chiens gardent longtemps l'habitude de lécher les mains de leur maître pour leur dire qu'ils casseraient volontiers la croquette !

LE LÉCHAGE ENTRE CHIENS

Venu du fond des âges, le réflexe du léchage à une signification très claire entre loups ou chiens. Lors d'une rencontre avec un nouveau chien considéré comme "dominant", agressif ou dangereux, venir lécher ce dernier est un moyen de faire baisser la tension. En venant lécher le chien "dominant", il faut comprendre quelque chose comme : "tu vois, je n'ai pas l'intention de te combattre, on est entre amis, tout va bien !".

Dans ce cas, le léchage est à la fois un comportement social de paix et une marque de soumission. En refusant le combat, le chien qui lèche montre qu'il accepte de se considérer comme inférieur hiérarchiquement à celui qui se laisse lécher.

Entre deux chiens qui se connaissent bien et s'apprécie, se lécher mutuellement peut être une simple marque d'affection, comme des bisous ou des caresses !

POURQUOI LES CHIENS LÈCHENT LES HUMAINS ?

Les raisons qui entraînent un chien à lécher ses humains ou d'autres humains sont plus ou moins inspirées de ses réflexes ancestraux. Il est naturel que le chien lèche son maître pour dire :

- ○ Qu'il le reconnaît comme supérieur dans la hiérarchie : soumission
- ○ Qu'il l'aime et qu'il est content de le voir et de passer du temps avec lui : affection
- ○ Qu'il a faim ! comme avec sa maman.

Il peut aussi arriver que votre chien vous lèche parce que :

- ○ Il aime le goût salé de votre sueur après une séance de sport. Il va alors lécher le visage, le cou, les bras, les pieds avec insistance
- ○ Votre gel douche ou crème hydratante a une odeur attirante pour lui
- ○ Il cherche à comprendre votre humeur et cherche les phéromones qui pourraient l'éclairer. Il se concentre alors sur les mains et les pieds.
- ○ Le vétérinaire l'examine, il le lèche pour lui demander de prendre soin de lui et de ne pas lui faire mal (il est donc un peu inquiet).

○ Dans ce très rares cas, le chien lèche un de ses maîtres avec insistance parce qu'il le prend pour un partenaire sexuel. Il risque alors de devenir possessif et jaloux, il est donc nécessaire de remettre les choses à leur place rapidement !

Quoi qu'il en soit, pensez toujours à vous laver bien les zones léchées par le chien après, car vous n'avez pas le même système immunitaire et le risque d'infection existe !

LE LÉCHAGE COMPULSIF

Un comportement banal peut devenir compulsif lorsqu'il prend une part trop importante dans le temps et les pensées. Chez le chien, lécher est normal. C'est lorsqu'il lèche toujours la même chose sans fin que cela pose problème.

POURQUOI LE CHIEN SE LÈCHE-T-IL ?

La première raison pour laquelle le chien se lèche régulièrement est évidente : c'est l'hygiène. En ce cas, il se lèche rapidement et arrête.

Il faut prêter attention à son comportement lorsqu'il commence à lécher une zone avec insistance. Cela peut avoir plusieurs significations :

○ Il est stressé. Se lécher le détend, c'est un TOC, mais en insistant sur une zone (patte ou aine), il risque de faire partir les poils, d'irriter la peau, et éventuellement, de créer une plaie. Un vétérinaire ou un comportementaliste pourront vous aider à faire cesser ce comportement.
○ Il a mal et cherche à faire passer la douleur. Observez bien la zone léchée et parlez-en à votre vétérinaire.

POURQUOI MON CHIEN LÈCHE DES OBJETS ?

Il peut arriver qu'un chien lèche avec application le sol, une chaise, un jouet, un coussin, etc. Lorsqu'il est dans un nouvel environnement, c'est tout simplement un moyen d'exploration par le goût ! Rien d'inquiétant !

Un chien qui lèche un jouet dans son panier ou tranquillement sur le tapis est peut-être en train de s'ennuyer. Dans ce cas, il suffit de le sortir ou de le faire jouer pour qu'il pense à autre chose.

Enfin, si le comportement devient compulsif, c'est peut-être une manifestation de stress ou d'un TOC (Trouble obsessionnel compulsif). Il faut alors observer le contexte dans lequel le léchage se déclenche pour essayer de comprendre la cause du stress. Là encore, il ne faut pas hésiter à faire appel à professionnel pour dénouer la situation !

POURQUOI CERTAINS CHIENS CREUSENT ?

La terre est pleine d'odeurs que j'adore ! Creuser la terre est un plaisir pour nous les chiens ! Et puis c'est un moyen de renouer avec nos ancêtres : voilà des millénaires que nous creusons de père en fils ! Après, je vois bien que parfois, ce comportement dérange les humains. D'ailleurs, certains ont trouvé de bons moyens pour nous faire perdre l'habitude, et comme je suis sympa, je vous les livre tout de suite. Pardon, tout de suite !

LES RAISONS QUI POUSSENT LES CHIENS À CREUSER ?

Pour les chiens, il est naturel de creuser la terre. C'est un comportement banal.

Voici les raisons principales :

- ○ **L'ennui** : Lorsqu'il est seul dans le jardin plus de 15 minutes, si rien ne vient le stimuler, le chien peut s'ennuyer. Alors pour décharger un peu son énergie, il creuse !
- ○ **La chaleur** : lorsqu'il a trop chaud, le chien a conscience qu'il fait plus frais sous terre. A défaut d'autre solution, il se met donc à creuser pour s'abriter !
- ○ **Pour enterrer** : il fait ses propres réserves de nourriture ! Eh oui, c'est ancestral, mais mettre de côté des biscuits, des os ou des croquettes, cela peut rassurer certains chiens qui ont peur de manquer un jour !
- ○ **Pour jouer** : avec des bouts de bois ou des racines enterrées
- ○ **Pour trouver** : quelque chose dont l'odeur l'attire : petits rongeurs dans leurs terriers ou cadavres de petits animaux, crottes de chats, vers de terre, larves d'insecte, …

○ **Pour sortir de chez vous** : s'il creuse près de la limite et en direction de l'extérieur, regardez ce qui se trouve dehors : chiens, enfants, animaux, … Peut-être votre toutou a-t-il besoin de se socialiser davantage !

COMMENT RÉAGIR QUAND VOTRE CHIEN CREUSE ?

Si vous sentez la moutarde vous monter au nez en le voyant dévaster consciencieusement vos plantations et votre gazon … il va falloir prendre sur vous !

Il n'est en effet pas possible de punir un chien pour un comportement "naturel". Ce serait incompréhensible pour lui. Encore plus si les trous remontent à plusieurs heures !

Si vous prenez le chien en flagrant délit, vous pouvez tout de même lui dire "Non !" et l'emmener plus loin pour le distraire avec une autre activité : jouer à la balle, faire des exercices pour apprendre de nouveaux tours, jouer avec vous.

Évitez de le sortir immédiatement en promenade : il risque de considérer que c'est la récompense pour avoir bien creusé. Vous voyez le topo !

ASTUCES POUR EMPÊCHER VOTRE CHIEN DE CREUSER

Rassurez-vous : il y a plein d'astuces pour distraire votre chien de vos plates-bandes !

Lorsqu'il est seul quelques minutes au jardin, donnez-lui ses jouets préférés pour s'amuser.

S'il fait chaud, prévoyez une piscine, un tapis rafraîchissant ou un coin d'ombre bien frais.

Emmenez-le en promenade plus longtemps et dans des endroits nouveaux. Il pourra se défouler, satisfaire sa curiosité, et qui sait ? Peut-être même creuser en pleine nature !!

Protégez les espaces que vous ne voulez pas voir creuser en mettant un grillage ou des branchages au sol, des pelures d'agrumes près de vos plantes, de grosses pierres sur les trous déjà commencés : cela devrait le décourager.

Si votre chien continue à creuser, il faut ruser en faisant un compromis : définissez un espace spécial pour qu'il puisse creuser, où vous mélangez la terre avec du sable. Pour qu'il oublie le reste du jardin, enterrez-y des os, des friandises, des "kongs" : un jouet rempli de croquettes, bref, des objets de grande valeur !

Bien entendu, il faut prendre soin de les enterrer quand le chien ne peut pas vous voir ! Il en va de même pour le jardinage : il vaut mieux que le chien ne vous voit pas creuser la terre, parce que ça pourrait l'inspirer !

POURQUOI CERTAINS CHIENS VOLENT ?

C'est une question de tempérament, certains chiens volent, d'autres pas. La nourriture, les chaussures, les jeux du bébé, etc., la vie peut vite devenir compliquée pour vous si votre chien prend cette mauvaise habitude. Il vaut mieux réagir vite et bien pour l'éduquer à ne pas toucher à vos affaires.

LES RISQUES

Pour votre chien, tout est jeu ou nourriture. Ce qui vous dégoûte, comme par exemple un animal en putréfaction, un emballage en plastique, un bout de pneu, lui semble très attirant. Dans bien des cas, d'ailleurs, son estomac supporte très bien ces écarts de régime. Mais il peut y avoir des accidents.

Par ailleurs, si le chien prend l'habitude de se servir dans vos affaires, sur votre table et dans votre poubelle, il peut avoir une conduite agressive guidée par l'incompréhension le jour où vous trouverez qu'il dépasse les bornes. C'est la porte ouverte à la situation de crise !

Enfin, et je ne vous fais pas un dessin, le chien voleur se sert dans votre assiette et vos bols qui sont alors bons pour la vaisselle. Il peut aussi cacher les objets qu'il vole, ce qui peut devenir insupportable si vous devez passer votre temps à chercher des objets du quotidien.

LES PIÈGES À ÉVITER

Si votre chien vole, c'est parce qu'il ne fait pas la différence entre ses affaires, sa nourriture, et les vôtres. Si vous le grondez, il risque de ne pas recommencer ... en votre présence. Bonjour la confiance à la maison alors !

A table, il ne faut surtout pas donner de nourriture au chien : un bout de fromage ou de poisson et il considère que ce que vous mangez lui est également destiné. D'une manière générale, d'ailleurs, si vous avez l'habitude de lui donner les restes, il vaut mieux le verser dans sa gamelle quand il est occupé ailleurs. Entre temps, et surtout tant que votre chien n'est pas habitué, ne laissez pas de tentations sous son nez !

Enfin, certains maîtres réagissent par le rire lorsque le chien s'empare d'un objet et l'emporte. Cette attitude conforte le chien dans l'idée que c'est un jeu. D'autant plus si après vous le poursuivez et essayez de lui reprendre l'objet. Il trouvera ça très drôle ou risque de s'énerver et de mordre.

COMMENT ÉDUQUER UN CHIEN VOLEUR ?

Comme souvent, ne dramatisez pas mais ne laissez pas passer non plus. Lorsque le chien s'approche de la nourriture, il faut lui opposer un "non" très ferme et répété des centaines de fois si nécessaire. Lorsqu'il semble avoir compris que la nourriture n'était pas pour lui, vous pouvez le récompenser avec un biscuit à lui.

Si le chien vole des objets, profitez de son absence pour les récupérer et les remettre à leur place. Vous pouvez même associer le lieu où se trouvent les objets qu'il aime voler à une sensation désagréable : une pile de cartons prête à dégringoler sur les chaussures, par exemple, ou un couvercle prêt à tomber sur la poubelle. Vous aurez le double avantage de le voir fuir et d'être averti.

Sachez également que votre chien sera d'autant moins tenté de voler vos affaires tant qu'il aura les siennes. Son jeu à lui, toujours disponible et tout de suite, voler les jeux des autres sera moins intéressant !

POURQUOI CERTAINS CHIENS SONT JALOUX ?

Un chien jaloux, c'est tout à fait possible ! La jalousie d'un chien peut se produire à l'arrivée de quelqu'un de nouveau dans la maison. Il est ainsi fréquent qu'un chien et un bébé ne s'entendent pas dans les premières semaines. Il est alors très important de bien réfléchir à l'éducation du chien, car une petite jalousie du chien peut vite mener à de vrais problèmes relationnels. Comment réagir face à un chien jaloux ? Voyons cela ensemble.

MON CHIEN EST JALOUX : EST-CE NORMAL ?

Il y a peu, nos voisins ont eu la chance de devenir parents. Le problème est que ma copine Kitty, leur petite Chihuahua, n'a pas du tout apprécié l'expérience. Elle s'est en effet mise à demander leur attention par des aboiements ou des jappements, et ce dès qu'ils faisaient mine de s'occuper de leur bébé.

Cette apparition de jalousie entre un chien et un bébé est fréquente. Il faut savoir que le comportement d'un chien est fait de petites habitudes. Si une chose vient bouleverser ces habitudes, comme l'arrivée d'un autre animal, d'un enfant ou encore d'un nouveau ou d'une nouvelle petit(e) ami(e), un chien peut facilement devenir jaloux...

En réalité, la jalousie du chien n'est pas un phénomène naturel. La jalousie est souvent déclenchée lorsqu'un chien a été trop couvé et qu'un changement de situation intervient.

Notre voisine avait en effet l'habitude de toujours rester avec Kitty, de toujours la papouiller et de s'occuper d'elle en permanence. Elle l'appelle même "mon bébé". Mais à présent qu'il y a un autre bébé à la maison, son chien est jaloux. Tout simplement car Kitty n'a plus l'attention qu'elle recevait auparavant.

COMMENT RÉAGIR EN CAS DE CHIEN JALOUX ?

Pour éviter qu'un chien ne devienne jaloux, l'idéal est de bien réfléchir à l'éducation du chien dès son enfance. La pire erreur à faire au moment d'éduquer son chien est de le considérer comme un enfant ou un être humain. La première étape est de comprendre son comportement.

S'il est déjà trop tard et que votre chien est jaloux, il va falloir prendre une série de mesures :

DÉCOUVREZ L'ORIGINE DE LA JALOUSIE

Qui dit chien jaloux dit changement. Commencez par déterminer clairement ce qui dérange le plus votre animal. Un chien peut devenir jaloux parce que vous ne lui accordez plus assez d'attention, ou encore parce que vous donnez ses jouets à un autre animal.

HABITUER VOTRE CHIEN À UNE NOUVELLE SITUATION

En cas d'arrivée d'un bébé ou d'un nouvel animal dans la maison, il va falloir rassurer votre chien jaloux. Le pire à faire serait de l'enfermer et de ne plus lui accorder d'attention. Faites en sorte que votre chien s'habitue progressivement et ne rendez pas l'arrivée d'une mauvaise personne traumatisante pour lui.

CHANGEZ LE COMPORTEMENT DU CHIEN

La jalousie est un problème de comportement du chien. Pour que votre animal change de comportement, il va falloir l'éduquer. Tâchez ainsi d'apprendre de nouvelles pratiques à votre toutou.

Récompensez-le quand il est calme auprès de l'objet de la jalousie et faites en sorte qu'il comprenne le comportement que vous attendez de lui. Si nécessaire, ignorez votre chien quand il adopte le mauvais comportement. Mais attention à ne pas le mettre totalement de côté. Sa jalousie risquerait d'empirer !

NE SOYEZ PAS AGRESSIF

Enfin, ne réagissez jamais négativement face à la jalousie du chien. N'oubliez pas que vous êtes en partie responsable de cette situation. Être agressif pourrait pousser votre chien à le devenir.

Si la jalousie d'un chien devient trop envahissante et que vous n'arrivez pas du tout à la stopper, il sera important de réagir. Pour cela, l'idéal est de faire appel à un comportementaliste canin qui pourra parfaitement vous aider.

COMPRENDRE LE GROGNEMENT DU CHIEN

Irrité ? De Mauvaise humeur ? Nerveux ? Avouez qu'il y a des jours vous grognez volontiers sur votre entourage ! Votre chien aussi, peut se sentir dépassé par des situations. Si inquiétante cette attitude soit-elle, la réponse doit être adaptée, justement pour éviter les dérapages et les malentendus. Plutôt que d'entrer dans le conflit, voyons ce que vous pouvez faire pour rendre à tout le monde le sourire !

POURQUOI VOTRE CHIEN GROGNE-T-IL ?

Le grognement est associé à l'agressivité, mais on se trompe souvent sur son but. Tout grognement n'est pas synonyme de morsure imminente et grogner fait partie d'un processus de communication normal et ne veut pas dire que votre chien a un problème.

Le chien grogne en réponse à une situation stressante. Le grognement est un signal d'alarme dont l'objectif est d'éviter le conflit.

Il y a plusieurs causes possibles : la peur, la douleur, le stress, la défense …

Dans les codes de communication entre chiens, c'est un signal très clair permettant de signifier une gêne et destiné à éviter la dispute. En langage chien, le grognement pourrait dire "tu me déranges, laisse-moi !" ou "j'ai peur, éloigne-toi !".

Le problème, c'est que l'homme y voit une attitude de rébellion et la crainte d'une morsure imminente. Il y répond donc souvent par un acte de punition violente. La réponse est incompréhensible pour le chien, qui voulait justement donner une information pour éviter cette situation !

QUE FAIRE QUAND VOTRE CHIEN GROGNE ?

Attention, ces explications ne veulent pas dire qu'il faut laisser votre chien grogner à chaque fois que quelque chose le dérange. La situation pourrait vite devenir insupportable et ni vous ni lui n'en seriez plus heureux !

Lorsque votre chien grogne sur vous ou sur quelqu'un de votre entourage, c'est qu'un élément de la situation le dépasse, l'inquiète, le perturbe. En fonction de leur histoire, les chiens sont sensibles à des éléments spécifiques.

Voici quelques conseils pour réagir face à un chien qui grogne :

- **Faites cesser la situation qui gêne visiblement votre chien** : un bruit fort, la présence d'un autre chien, des caresses, un jeu. C'est une réponse qui est compréhensible pour le chien et qui devrait faire cesser le grognement.
- **Essayez de comprendre ce qui provoque le grognement** : douleur, stress, gêne, peur ?
- **En cas de grognements fréquents**, consultez un vétérinaire ou un comportementaliste pour vous aider à rétablir l'harmonie pour votre chien et vous.
- **Dans les bons moments**, caressez-le et récompensez-le pour renforcer vos liens.

Parfois, il suffit, pour détendre l'atmosphère, d'enseigner un ordre sous forme de récompense pour rétablir de bonnes relations.

LES PIÈGES À ÉVITER

Lorsqu'il grogne, le chien attend une réponse pacifique.

- **Regarder dans les yeux un chien qui grogne** : c'est un signe de défi. Pour lui c'est une provocation.

- ○ **Acculer un chien qui a peur** : Il grogne pour dire qu'il veut fuir parce qu'il est effrayé. S'il est coincé, il risque de mordre pour sortir de cette situation.
- ○ **Insister dans l'attitude** qui perturbe le chien en pensant que vous allez ainsi l'habituer et le dompter. Vous risquez au contraire d'augmenter son malaise et donc son agressivité.
- ○ **Penser que le chien grogne pour "vous dominer".** C'est faux : le chien grogne pour faire passer un message. Si vous n'essayez pas de le comprendre et répondez par un acte violent, vous risquez de détériorer profondément les relations entre vous.
- ○ **Penser pas que votre chien est fou** et qu'il ne vous aime pas. Certains maîtres abandonnent le chien qui grogne car ils le pensent violent et insensible. C'est un malentendu, car grogner est justement pour le chien une façon d'exprimer sa sensibilité face à une situation.

PRÉVENIR LES BAGARRES DE CHIENS

Les chiens adorent se chamailler... surtout les mâles ! Cependant, il arrive que de simples jeux de bagarre de chien se muent en véritable combat de chien. La situation devient alors dangereuse, pour les chiens comme pour le maître. Voilà pourquoi il faut toujours éviter une bagarre de chien.

COMPRENDRE LA CAUSE D'UN COMBAT DE CHIEN

Tous comme les humains, les chiens ont une certaine part d'agressivité en eux. Il faut dire que le chien est un animal de meute, qui détermine sa place au sein des siens par des confrontations hiérarchiques. En soit, la bagarre de chien fait donc partie de leur identité.

Cependant, il ne faut pas laisser un combat de chien dégénérer, car un comportement agressif peut amener à de nombreux accidents, et peut mettre en danger la santé du chien, de son maître ou encore de leur entourage.

LES CAUSES D'UN COMBAT DE CHIEN

Il est toujours compliqué de comprendre la raison d'une querelle entre deux toutous. Il faut dire qu'il y a pratiquement autant de bagarres de chien que de raisons pour des chiens de se battre !

Parmi les raisons les plus courantes, on peut trouver :

- **Le rapport hiérarchique** : les chiens essaient de montrer "qui est le plus fort".
- **L'invasion du territoire** : un chien agressif va vouloir défendre son territoire face à un intrus.
- **La peur** : un chien craintif va se mettre à attaquer parce qu'il est retranché dans ses positions.

○ **La compétition** : deux chiens peuvent se battre pour obtenir un os ou une friandise.
○ **L'agressivité du chien** : un chien aura développé un mauvais comportement, qui l'incitera à multiplier les combats avec d'autres chiens.

COMMENT RECONNAÎTRE LE COMPORTEMENT AGRESSIF ?

Comprendre la raison d'un combat entre chiens n'est pas forcément important. Le problème va se poser si votre animal se met régulièrement à attaquer d'autres chiens. Il faudra alors essayer d'expliquer le comportement agressif du chien et le soigner.

L'idéal est pour cela de passer par un comportementaliste canin, le seul à même de comprendre les raisons qui poussent votre animal à attaquer.

COMMENT RÉAGIR FACE À UNE BAGARRE DE CHIEN ?

Il est indispensable d'arrêter une bagarre de chien dès que possible. En effet, deux chiens agressifs l'un envers l'autre vont fatalement finir par se battre. Et autant vous dire qu'il n'y a aucun intérêt à laisser se dérouler un combat de chien. Ne pas réagir pourrait en effet entraîner des problèmes plus graves.

Voici quelques conseils pour empêcher un combat de chien ou le stopper :

RECONNAÎTRE UNE SITUATION DE COMBAT DE CHIEN

Parfois, de simples jeux de bagarre de chiens dégénèrent en vrai combat. Pour éviter que cela soit le cas, surveillez toujours votre animal quand il joue avec un autre chien. En cas de grognements agressifs, de morsures ou encore de jappements, écartez les chiens avant que le combat ne se lance. En règle générale, ne laissez pas votre animal jouer avec un chien inconnu.

NE JAMAIS VOUS INTERPOSER PHYSIQUEMENT DANS UN COMBAT DE CHIEN

En cas de bagarre de chien avérée, évitez de vous lancer corps et âme dans la bagarre. Vous risqueriez en effet de vous faire mordre, même par votre chien ! N'essayez donc pas d'attraper le collier du chien ni de séparer les animaux "à mains nues". Ce serait bien trop dangereux pour vous. Une solution peut être d'utiliser un large objet (type bâton ou canne) pour séparer les animaux à distance.

UTILISER UN SEAU D'EAU

Une solution plus sûre pour arrêter un combat de chien est de jeter de l'eau sur les animaux. Cela va directement les calmer, et ils se sépareront de manière naturelle. Il faudra ensuite les éloigner l'un de l'autre.

UTILISER DES BRUITS FORTS

De même, toute autre tentative d'attirer l'attention des chiens peuvent faire cesser le combat. Vous pouvez par exemple essayer de faire un bruit strident à l'aide d'un sifflet ou encore de casseroles. Si vous attirez l'attention des chiens, ils seront plus simples à séparer.

Si deux chiens se sont déjà battus, évitez à tout prix un nouveau contact. Ils risqueraient de se battre à nouveau dès la première occasion !

CHIEN AGRESSIF : QUE FAIRE ?

Si votre animal est la cause de nombreuses bagarres de chien, il est essentiel que vous fassiez tout pour éviter une nouvelle querelle. En effet, un chien agressif peut amener de nombreux problèmes à son maître.

Si votre animal blesse quelqu'un, par exemple, vous serez directement jugé responsable. Votre chien pourrait d'ailleurs être blessé dans un combat de chien ou pire, être piqué par un vétérinaire.

Pour éviter qu'un comportement agressif de votre chien ne termine en tragédie, il peut être bon de suivre les conseils suivants :

- ○ **Gardez systématiquement la laisse** : pour commencer, on ne va jamais laisser un chien agressif se promener librement en lieu public. Soyez toujours sûr de maîtriser votre chien, grâce à une laisse solide et adaptée.
- ○ **Limitez les balades en lieu public** : si le comportement de votre chien devient insupportable au contact d'autres animaux, évitez les lieux trop fréquentés. Préférez une balade dans une forêt plutôt que dans un parc urbain, où vous risqueriez de croiser de trop nombreux chiens.
- ○ **Achetez une muselière** : une autre solution peut être d'acheter une muselière, qui empêchera votre animal de mordre d'autres chiens ou de blesser des passants.
- ○ **Consultez un comportementaliste** : enfin, le mieux est encore d'essayer de soigner le comportement agressif d'un chien. Pour cela, il peut être utile de contacter un comportementaliste canin qui pourra vous aider à comprendre et à maîtriser votre animal.

COMMENT FAIRE COHABITER CHIEN ET CHAT ?

L'ambiance chez vous s'est quelque peu refroidie avec l'arrivée d'un nouveau protégé ? Pour le chien comme pour le chat, accepter un nouveau venu est une épreuve plus ou moins difficile. Une grande amitié peut naître, cela ne dépend pas vraiment de vous, mais empêcher la guerre est de votre responsabilité, et rassurez-vous, c'est possible ! On va essayer de comprendre les enjeux et de faire le tour des règles de base ensemble.

POURQUOI CHIENS ET CHATS ONT DU MAL À S'ENTENDRE ?

C'est une longue histoire ! Ces deux espèces n'étaient pas naturellement faites pour cohabiter. Les chats gardent le souvenir ancestral que le chien est un prédateur pour eux. Les envies de jouer du chien peuvent apparaître comme une menace de poursuite ! Les chiens ne comprennent pas le comportement individualiste et indépendant du chat. Bref, chacun a des a priori sur l'autre.

Par ailleurs, les codes de communication sont complètement différents et prêtent aux malentendus !

Lorsque le chat remue la queue, il exprime hostilité et agacement. Lorsque le chien remue la queue, il montre de l'enthousiasme et l'envie de jouer. Le chien voit une invitation au jeu dans le balancement de la queue du chat ! Comment comprendre qu'on s'est juste mal compris après ça ?

LES RISQUES LIÉS À UNE COHABITATION CONFLICTUELLE

S'il est important de bien veiller à ce que les relations restent au pire indifférentes entre le chien et le chat, c'est parce qu'un conflit fera des victimes ! Le chat ou chien, l'un des deux peut développer une obsession envers l'autre et lui rendre la vie impossible : accès interdit à la gamelle, à la litière, au panier, coups, morsures, griffures, on a déjà vu des chats arriver mal en point après un harcèlement du compagnon chien et l'inverse est également possible !

Vous ne voulez certainement pas que votre maison se transforme en centre de torture pour l'un de vos deux compagnons, et le bourreau ne sera pas tellement plus heureux que sa victime !

Je ne parle pas des risques de pugilat qui pourraient avoir des conséquences sur l'organisation de la maison !

LA RENCONTRE IDÉALE POUR UNE COHABITATION CHIEN CHAT HEUREUSE

On sait que la période la plus malléable quelle que soit l'espèce, c'est l'enfance. Les chiots et chatons ne font pas exception à la règle. Il est beaucoup plus facile de créer de bonnes relations lorsqu'au moins l'un des deux est encore bébé. Jusqu'à la 12 ème semaine pour le chien, la 9 ème pour le chat, l'animal est en phase de socialisation. Il s'attache beaucoup plus facilement à tout être vivant en contact avec lui. C'est donc le moment idéal pour tisser une amitié durable avec un animal d'une autre espèce.

Pour l'adulte que ce soit le chat ou le chien, la présence du bébé est vue comme un dérangement mais pas comme une menace, le stress est moins élevé et si quelques feulement et aboiements sont échangés au début, ils n'empêchent pas de s'observer et d'apprendre à se connaître. Le jeu vient aussi faciliter ces premiers moments.

LES SOLUTIONS POUR FACILITER LA COHABITATION CHIEN CHAT

Bien entendu, il n'est pas toujours possible de présenter des bébés. Si les deux animaux sont adultes, tout n'est pas perdu mais il va falloir respecter quelques règles.

LES GESTES QUI AIDENT LE CHIEN ET LE CHAT À SE CONNAÎTRE

Il faut y aller en douceur et votre présence est requise pour faire les présentations !

- Laissez-les se connaître olfactivement à travers une porte pendant un jour ou deux avant de se retrouver face à face
- Séparez les gamelles : le chat se sentira en sécurité si sa nourriture est en hauteur, hors de portée du chien
- Le chat doit avoir une voie de fuite : un meuble sur lequel monter, par exemple.
- C'est le chat qui imprime le rythme : il est possible qu'il ait besoin d'une période d'observation avant d'aller à la rencontre du chien
- Si le chien connaît l'ordre "pas toucher", c'est un plus : le chat appréciera qu'aucun contact ne lui soit imposé ! Il est important de garder le contrôle sur le comportement du chien pour qu'il ne soit pas envahissant. Si vous le trouvez trop excité, il vaut peut-être mieux l'isoler et attendre qu'il se calme avant de recommencer l'expérience !

LES PIÈGES À ÉVITER

- On peut être tenté de rassurer et de cajoler particulièrement le nouveau venu aux dépens de "l'ancien". Les animaux sont observateurs et sensibles aux injustices :

vous ne rendez pas service au nouvel arrivant. Il est important, en présence des deux animaux, de rester équitable en caresses, en attentions, en mots doux et en friandises !

○ Imposer un contact au chat ne pourra que le braquer. Tant qu'il n'est pas prêt, il faut le laisser s'habituer petit à petit !

Enfin, n'hésitez pas à faire appel à un comportementaliste pour désamorcer à temps une situation de crise ! Parfois, il suffit d'un petit changement pour tout simplifier !

QUAND COMMENCER SON ÉDUCATION ?

Comme beaucoup de maîtres, vous risquez de tomber très vite sous le charme de votre chiot. Mais ce n'est pas une raison pour oublier l'éducation du chiot ! En effet, le comportement du chien se forge durant ses premiers mois, si bien qu'il est très important d'éduquer un chiot si vous ne voulez pas que votre chien soit infernal.

Si c'est particulièrement important pour les gros chiens qui risquent de devenir de plus en plus envahissant au fil du temps s'ils sont mal éduqués, cela vaut aussi pour les chiens de petite taille.

DÉBUTER AU PLUS VITE

Comme le comportement du chien est influencé par sa jeunesse, il vous faudra commencer l'éducation du chiot dès qu'il arrive chez vous, c'est à dire à partir de 2 mois. Eh oui, les chiens ont besoin d'être pris en charge dès leur plus tendre enfance !

Il est important de faire comprendre très tôt à votre chiot ce qu'il peut et ne peut pas faire. Mais ne soyez pas méchants avec eux : les chiots sont tous joueurs et il est normal qu'ils fassent des bêtises... L'essentiel est donc de leur montrer pas à pas ce qu'ils doivent faire, en privilégiant les récompenses, plutôt que les punitions !

SUR QUOI INSISTER ?

Quand ils sont petits, ils apprennent vite, mais ils ont tout de même besoin d'un peu de temps ! Soyez tolérants avec un chiot un peu turbulent, car c'est normal pour un jeune chien d'exprimer sa joie de vivre.

Néanmoins, ne transigez jamais avec la hiérarchie. C'est quand ils sont petits qu'ils doivent comprendre qui est leur maître. Très jeune, un chiot va « analyser » les membres de la famille de manière à déterminer qui est le membre le plus important, à qui il doit obéir ou qui il peut soumettre. Si vous laissez votre chiot faire la loi, il aura l'impression d'être au sommet de la hiérarchie, et soyez sûr qu'il deviendra incontrôlable quand il sera adulte...

L'APPRENTISSAGE DE BASE

APPRENDRE À S'ASSOIR

S'il y a bien un geste que tous les maîtres devraient apprendre à leur chien, c'est le "Assis" ! Bien éduquer son chien passe en effet forcément par cette position utile en de nombreuses circonstances.

Un chien qui s'assoit à la demande est un très bon début dans l'éducation du chiot. Apprendre le "Assis" à un chien est assez aisé, car il s'agit d'une position naturelle.

Voici la méthode à utiliser :

1. **Utilisez une récompense** : pour commencer, il faudra trouver une friandise que votre toutou apprécie : un biscuit pour chien ou tout autre gourmandise pour chien qui lui plaît (on évitera naturellement le chocolat ou le sucre, qui sont des poisons).

2. **Accroupissez-vous près de votre chien** : au départ, ne donnez aucun signal (aucun ordre) à votre animal. Contentez-vous de vous approcher de lui avec sa gourmandise dans la main.

3. **Incitez votre chien à s'asseoir** : pour que votre animal s'asseye, il vous suffit simplement d'approcher votre main et la gourmandise de lui. En restant à une certaine distance de sa gueule, levez progressivement votre main, jusqu'à ce qu'elle soit au-dessus de sa tête. Votre chien va naturellement s'asseoir pour garder les yeux rivés sur sa gourmandise.

4. **Félicitez votre chien** : une fois votre toutou assis, vous n'avez plus qu'à lui donner sa gourmandise en le félicitant, et en disant à haute voix et plusieurs fois le mot "Assis", qu'il finira par associer à cette position.

Naturellement, bien éduquer son chien passe par la répétition. Il faudra donc effectuer cet exercice plusieurs fois pour que votre chien apprenne la position assise.

Pour ne pas que la récompense soit indissociable de l'obéissance de votre animal, pensez toujours à réduire la dose de gourmandise progressivement, pour finir par ne plus donner aucune friandise.

L'essentiel est que vous continuiez à féliciter votre chien à la fin de cet exercice, à l'aide de paroles et de caresses. À terme, votre animal n'aura même plus besoin d'une gourmandise pour vous obéir lorsque vous lui direz "assis" !

APRRENDRE À SE COUCHER

Dès qu'il est tout petit, le chien adore apprendre de nouveaux tours ! Pour lui, c'est l'occasion de développer son intelligence (et de gagner des friandises) et pour vous, ce sont des moments privilégiés à passer ensemble ! Un des tours de base les plus utiles, c'est d'apprendre à votre chien à se coucher sur demande.

POURQUOI APPRENDRE À SE COUCHER ?

Comme pour les humains, trouver la position idéale quand on doit rester immobile n'est pas toujours facile. Si vous attendez quelque part et que cela doit durer un certain temps, assis ou debout, votre chien risque de se fatiguer. Autant lui indiquer tout de suite la meilleure position !

D'ailleurs, lorsqu'il est couché, votre chien est beaucoup plus calme ! Sans se fâcher ni crier, c'est un très bon moyen de rétablir l'équilibre quand il est très excité, après une bonne séance de jeu, par exemple !

Attention cependant, n'utilisez pas le "couché" pour envoyer votre chien dans son panier et le punir quand il a fait une bêtise, ou alors exceptionnellement. Sinon, il risque de faire l'amalgame entre l'ordre et la punition. Il se sentirait puni à chaque fois que vous lui demandez de se coucher, même s'il n'a rien fait de mal !

Dans tous les cas, votre chien doit déjà connaître le "assis" pour apprendre le "couché" !

MÉTHODE TRADITIONNELLE POUR APPRENDRE À SE COUCHER

Utilisée depuis bien longtemps, elle consiste à attendre que votre chien soit assis.

- Vous Vous placez face à lui et lui prenez délicatement les pattes pour les tirer vers vous.
- Mécaniquement, le chien se retrouve en position couchée. En le faisant, vous dites "couché" pour qu'il associe la position et le mot.
- Lorsqu'il est couché, vous pouvez le caresser et le féliciter.

Bien sûr, il faut recommencer souvent. On parle de 5 à 10 fois par jour pendant plusieurs semaines.

Si votre chien résiste ou se plaint, arrêtez et essayez de comprendre ce qui le gêne. Peut-être la surface est-elle désagréable pour lui, peut-être est-il stressé par un élément extérieur, peut-être votre geste est-il trop rapide.

Dans tous les cas, ne le forcez pas, ne tirez pas sur ses pattes malgré lui, n'appuyez pas sur son dos pour le faire descendre près du sol.

MÉTHODES POSITIVES POUR APPRENDRE À SE COUCHER

Aujourd'hui, on privilégie souvent les méthodes positives, qui consistent à amener par des récompenses le chien à comprendre un ordre et à l'exécuter de son plein gré.

MÉTHODE AVEC UNE FRIANDISE

- ○ Lorsque votre chien est assis, attirez son attention en lui présentant une croquette ou une friandise adaptée pour eux.
- ○ Lorsqu'il essaie de l'attraper, descendez votre main vers le sol et ramenez la croquette vers vous jusqu'à ce qu'il soit en position couchée.
- ○ Prononcez "couché" et donnez-lui la croquette en le félicitant.
- ○ Recommencez plusieurs fois.

Au bout d'un moment, ajoutez un geste en indiquant le sol avec votre doigt. Donnez toujours la croquette, dites "couché" et donnez-lui la croquette lorsqu'il a pris la bonne position.

Après 2 à 3 semaines, vous pouvez progressivement retirer la croquette. Continuez à le flatter.

MÉTHODE AVEC UN JOUET

Pour cette méthode, qui s'adresse surtout aux jeunes chiens, on crée une nouvelle règle du jeu autour de son jouet préféré.

- ○ Installez-vous près de son panier et lancez-lui la balle.
- ○ Quand il la rapporte, félicitez-le puis dite "couché" en indiquant le panier. C'est la règle pour que vous relanciez la balle.

Au bout de quelques jours, quand il aura bien compris cette règle du jeu, il commencera à aller se coucher dans son panier à votre demande.

Cette méthode peut être complémentaire avec la précédente. Elle permet d'associer le panier à la demande, ce qui peut être pratique pour qu'il demeure au calme à la maison !

APPRENDRE À NE PAS BOUGER

Le "pas bouger" du chien est clairement l'un des tours les plus impressionnants à apprendre à son chien ! En effet, il faut une discipline de fer pour éduquer un chiot à rester immobile en toutes circonstances. Pour autant, ce n'est pas impossible.

POURQUOI APPRENDRE LE "PAS BOUGER" ?

Apprendre à son chien à ne pas bouger est un petit truc très pratique. En effet, le faire rester immobile est une bonne manière de canaliser son énergie et de montrer votre emprise sur l'animal.

Par ailleurs, il s'agit d'un tour qui pourra vous être très utile dans la vie de tous les jours. Un chien qui comprend le "pas bouger" aura en effet moins tendance à fuguer ou à s'échapper de la maison dès que vous ouvrez la porte. Ce tour limitera également les risques d'accidents de voiture, fréquents quand un chien un peu énervé refuse de s'arrêter.

LA MÉTHODE POUR APPRENDRE À UN CHIEN À NE PAS BOUGER

Comme toujours dans l'éducation du chien, apprendre à un toutou à ne pas bouger est une affaire de patience et de discipline. Mais ce n'est pas si complexe une fois que vous maîtrisez la méthode. Voilà comment procéder :

1. **Maîtriser le "Assis"** : le "pas bouger" ne sera pas le premier tour que vous apprendrez à votre chien. L'éducation du chiot démarrera forcément par l'apprentissage de l'ordre "assis", tout aussi pratique. C'est une étape essentielle avant d'apprendre à votre animal à rester immobile.

2. **Les bases** : une fois que votre chien obéit à l'ordre "Assis", il faudra peu à peu faire évoluer cet ordre en "pas bouger". Pour cela, commencez par ordonner à votre chien de s'asseoir, puis éloignez-vous de lui d'un petit pas en disant "pas bouger" et en associant un geste à cet ordre (en montrant la paume de la main par exemple). Récompensez-le dès qu'il ne bouge pas, même si cela ne dure qu'une seconde. Pour commencer, effectuez cet exercice chez vous, pour que les bruits extérieurs ne distraient pas votre animal.

3. **L'apprentissage du chien** : apprendre un ordre à un chien est une affaire de répétition et de patience. Quand votre animal commence à ne plus bouger sur ordre quand vous faites un pas en arrière, vous pouvez augmenter la distance qui vous sépare de lui. Soyez progressifs : on passera d'un pas en arrière à deux, puis à trois ou quatre. Continuez de donner votre récompense rapidement (quelques secondes à peine après avoir donné l'ordre), car un chien non éduqué ne restera pas naturellement immobile pendant dix secondes. Plus votre chien maîtrisera l'exercice, et plus vous attendrez avant de donner la récompense.

4. **Le dos tourné** : une fois l'exercice maitrisé sur trois ou quatre pas, il va falloir que votre chien apprenne à rester immobile même si vous ne maintenez pas un contact visuel avec lui. Recommencez donc l'exercice en retournant lentement votre dos cette fois-ci et en vous éloignant. Un chien non éduqué aura tendance à vous suivre, et il faut donc limiter cette attitude.

5. **Hors de la pièce** : une fois l'exercice du dos tourné maîtrisé, vous allez devoir continuer à vous entraîner, mais en quittant la pièce. Vous donnerez à nouveau l'ordre, mais penserez cette fois-ci à quitter la pièce pour échapper totalement au regard de votre chien. Au départ, n'attendez pas trop longtemps avant de revenir pour donner une récompense à votre toutou.

6. **Hors de la maison** : une fois que votre chien sait rester immobile, même quand vous quittez une pièce, tentez l'exercice à l'extérieur ! Avec les bruits et l'agitation extérieurs, un chien aura tendance à être moins réceptif au début. Il faudra donc reprendre l'éducation pas à pas, jusqu'à ce que votre animal soit parfaitement obéissant.

APPRENDRE À REVENIR

Le rappel du chien est l'une des choses les plus indispensables au moment de l'éducation d'un chiot. En effet, il sera impensable de sortir un chien sans laisse si ce dernier ne connaît pas le rappel. Par ailleurs, apprendre à un chien "au pied" sera la meilleure manière d'éviter les accidents et de vous rendre les promenades de chien plus faciles. Voyons comment se passe l'éducation d'un chien au rappel !

LES PIÈGES À ÉVITER

○ **Ne pas utiliser d'ordre** : l'éducation d'un chien se fait à l'aide d'ordre. Ainsi, le rappel du chien ne peut pas se faire à partir du seul nom de votre toutou. Ne criez pas seulement le nom de votre chien pour le faire venir au pied, mais plutôt "[Nom du chien], au pied !".

○ **Apprendre le rappel en extérieur** : l'autre défaut est de systématiquement vouloir apprendre le rappel à son chien en extérieur. Éduquer un chiot se fait pas-à-pas, et va donc commencer de préférence dans un lieu calme. Certes, l'apprentissage du rappel finira bien par vous mener dans un parc ou à l'extérieur, mais cela ne doit pas être la première étape.

○ **Faire du rappel de chien une punition** : autre erreur commune, de nombreux maîtres vont utiliser le rappel d'un chien uniquement pour terminer une promenade. Ils vont également s'énerver dès que leur toutou ne revient pas, et s'amuser à les poursuivre. Si vous faites cela, votre chien risque de considérer le rappel comme une punition, qui met fin à ses jeux ou à ses promenades. Il faut donc penser à intégrer le rappel dans un cadre de récompense, et ne pas clore systématiquement une balade de chien par un rappel. Après un rappel, ne remettez pas systématiquement la laisse. Et quand vous remettez la laisse du chien, baladez-vous encore un peu avec votre animal pour ne pas qu'il considère le rappel comme le signal de fin des festivités. Par ailleurs, évitez toujours de vous énerver au moment d'apprendre le rappel à un chien. Il n'y a rien de mieux pour le pousser à ne pas vous rejoindre !

COMMENT BIEN APPRENDRE LE RAPPEL ?

Voici une méthode pas à pas pour éduquer à un chien le "au pied". Comme pour toutes les étapes de l'éducation d'un chien, cela nécessitera de vous une grande patience, et beaucoup de temps :

1) COMMENCEZ À LA MAISON

L'éducation d'un chiot se fait dès son arrivée à la maison. Pour le rappel du chien, vous commencerez timidement à travailler dans la maison.

Utilisez l'ordre du rappel dès les premières semaines (par exemple "[Nom du chien], ici" ou "[Nom du chien], au pied"), pour habituer le chien à cet ordre. Vous pouvez également utiliser un geste pour que le chien le mémorise.

Quand votre chiot est loin de vous, utilisez votre ordre « au pied » et félicitez-le quand il vous rejoint. Naturellement, cela ne suffira pas à lui apprendre parfaitement !

2) PASSEZ À L'EXTÉRIEUR

Très rapidement, il faudra apprendre le rappel du chien à l'extérieur. Sans un grand espace, cet ordre est en effet inutile. Au départ, choisissez un lieu de préférence fermé et à l'écart de toute circulation. L'idéal est de profiter d'un jardin clôturé (chez vous ou chez un proche). Il ne faut en effet pas que votre animal puisse s'enfuir trop loin ou risque un accident.

Pour apprendre le rappel, laissez votre animal s'éloigner, puis lancez-lui votre ordre de rappel. S'il vient, félicitez-le à l'aide de caresses ou d'une friandise pour chien. S'il ne vient pas, répétez l'ordre sans hausser le ton, en vérifiant que votre animal vous voit et peut vous entendre. Si votre chien vous ignore après plusieurs rappels, faites mine de partir sans le regarder. Il aura l'impression que vous l'abandonnez, et viendra vous rejoindre.

Il ne faut en aucun cas hausser le ton ou vous mettre à poursuivre votre chien. Il risque d'attraper peur ou de croire à un jeu. Procédez à cet exercice régulièrement, jusqu'à votre animal revienne de manière quasi automatique.

3) EN PUBLIC

L'étape suivante pour apprendre le rappel sera de passer dans un lieu plus ouvert, comme un parc, dans lequel votre animal sera au contact d'autres humains ou de chiens.

La méthode sera exactement la même (ordre du rappel de chien, suivi d'une récompense), mais vous devrez procéder quand votre animal est très loin, ou distrait par un jeu ou par d'autres animaux.

Au départ, pratiquez le rappel du chien de manière très régulière, sans remettre la laisse. Puis, espacez les rappels et alternez les situations. Parfois, remettez la laisse, faites une balade puis relâchez le chien, parfois ne remettez pas la laisse et essayez de pousser votre chien à vous suivre, etc.

Si votre chien ne répond pas à un rappel, faites une fois de plus mine de vous éloigner, jusqu'à ce qu'il vous rattrape. N'allez jamais punir un chien lorsqu'il vous rejoint. Il considérerait alors qu'il vaut mieux ne pas vous rejoindre. Au contraire, privilégiez : l'éducation par la récompense. Si votre animal revient au rappel, félicitez-le. S'il ne revient pas, ignorez-le et ne le félicitez pas à son retour.

APPRENDRE À MARCHER AU PIED

L'un des premiers objectifs de tout maître, lors des premières promenades, est de maîtriser la marche au pied. En effet, les jeunes chiots non éduqués ont tendance à se laisser emporter par leur fougue et à tirer sur la laisse. Dès lors, mieux vaut connaître une méthode pour canaliser votre toutou et ne pas faire de chaque promenade une vraie bataille !

POURQUOI APPRENDRE LA MARCHE AU PIED ?

Prenons un mauvais exemple : Titus, le berger allemand du voisin, est un véritable foufou. Il n'a jamais vraiment appris la marche au pied, et à tendance à promener son maître comme il veut. Ainsi, Titus n'hésite pas à courir vers les autres chiens lorsqu'il les croise dans la rue, et force même son maître à courir. Quel embarras !

Si vous ne souhaitez pas vous aussi vous faire promener par votre chien, mieux vaut lui apprendre la marche au pied. Car, même si votre chien est petit, un chien non éduqué peut vite transformer une promenade en calvaire s'il n'en fait qu'à sa tête.

Pire encore, cela peut devenir dangereux, un chien mal éduqué sera plus à même de se faire écraser par la circulation s'il parvient à s'échapper à votre contrôle.

Notez enfin qu'apprendre la marche au pied est une première étape nécessaire pour pouvoir par la suite promener un chien sans laisse.

CONSEILS POUR FACILITER L'APPRENTISSAGE

Voici quelques conseils pour apprendre la marche au pied à votre toutou :

- Ne faites pas toujours la même promenade, de manière à faire comprendre à votre chien que vous êtes le seul décideur de la marche à suivre.
- Utilisez une laisse longue et souple sans quoi votre chien sera naturellement tenté de tirer.
- Quand votre chien fait mine de tirer vers une destination, choisissez la destination opposée pour lui faire comprendre qu'il n'est pas le décideur.
- Marchez toujours d'un pas léger, pour ne pas stresser votre chien et l'inciter à vous suivre.
- Adaptez votre marche inversement à ce que votre chien désire. S'il tente d'accélérer, ralentissez et s'il tente de ralentir, accélérez. Vous devez être le seul à décider du rythme de la marche.
- Si votre chiot tente de vous doubler, arrêtez-vous et faites le revenir en arrière, pour lui faire comprendre que vous seul être le maître de la promenade.

APPRENDRE À VIVRE EN SOCIÉTÉ

APPRENDRE LA PROPRETÉ

La propreté du chiot est l'une des premières leçons d'éducation à donner à son chien. Et pour cause, rien n'est plus dérangeant qu'un chien qui fait ses besoins dans la maison. Apprendre à son chien à être propre sera donc très important dans les premières semaines. En revanche, il arrive qu'un chien déjà éduqué se mette à faire pipi dans la maison, ce qui est loin d'être agréable. Si votre chien urine dans la maison, il a peut-être un problème. Voyons ensemble les causes de ce type d'accident...

LA PROPRETÉ DU CHIEN

Pour commencer, je tenais à rappeler en premier lieu que les chiens sont des animaux assez propres.

Dès leur jeunesse, ils ont tendance à s'éloigner pour faire nos besoins. La propreté d'un chiot arrive de ce fait dès les premières semaines.

Cependant, gardez en tête que les chiens ne vont pas naturellement faire leur besoin à l'extérieur. Il faudra pour cela bien leur faire comprendre qu'uriner dans la maison est interdit. La meilleure méthode pour apprendre la propreté à un chiot est de le féliciter dès qu'il urine à l'extérieur de la maison.

POURQUOI MON CHIEN URINE DANS LA MAISON ?

Malgré tout, il peut arriver qu'un chien se mette à uriner à l'intérieur, alors qu'il était parfaitement propre quelques semaines plus tôt. Cela peut s'expliquer par deux facteurs différents :

- ○ **Des causes physiologiques** : un chien qui fait pipi dans la maison peut tout simplement être atteint d'une infection urinaire. Il n'arrive alors tout simplement pas à se retenir.

Voilà pourquoi il est toujours primordial de consulter un vétérinaire si un chien urine dans la maison de manière soudaine.

○ **Des causes comportementales** : bien souvent, c'est le comportement du chien qui est la cause de pipi dans la maison. Votre chien est peut-être trop craintif pour sortir faire ses besoins, ou encore si attaché à vous qu'il est stressé à chacun de vos départs.

Si le problème de pipi dans la maison persiste, vous pourriez avoir besoin d'un professionnel : vétérinaire ou comportementaliste canin.

MON CHIEN FAIT PIPI LA NUIT : QUE FAIRE ?

Parfois, il arrive qu'un chien fasse uniquement pipi dans la maison à certaines périodes, par exemple durant la nuit.

Dans ce cas, il se peut tout simplement que votre toutou n'arrive pas à se retenir toute la nuit ! S'il s'agit encore d'un chiot, n'ayez pas d'inquiétudes. Il faut quelques semaines pour que la vessie d'un chien soit suffisamment développée pour lui permettre de se retenir plusieurs heures.

Dans le cas contraire, consultez un vétérinaire. Votre chien est peut-être atteint d'une cystite.

Quoi qu'il en soit, pensez toujours à promener votre chien matin et soir, de manière à être certain qu'il ait le temps de faire ses besoins avant que vous ne vous couchiez ou dès votre lever. Si votre chien sait qu'il sera promené au matin, il fera plus d'efforts pour se retenir.

LES PIÈGES À ÉVITER

La pire erreur à faire quand un chien urine dans la maison est la punition ! À moins d'être pris la main dans le sac, votre animal ne comprendra jamais pourquoi vous criez sur lui. Et lui mettre la truffe dans ses excréments rendra la situation encore plus confuse !

En cas de pipi dans la maison, contentez-vous d'isoler votre chien au moment de nettoyer ses oublis. Et pensez toujours à le féliciter lorsqu'il fait ses besoins à l'extérieur.

De même, évitez d'apprendre à votre chien à faire pipi sur un journal. C'est une mauvaise habitude, car un chien aura toujours du mal à comprendre la différence entre le journal et une moquette. Il est de ce fait plus efficace de lui apprendre directement à uriner dehors, même si cela va impliquer quelques tâches au début de votre éducation.

APPRENDRE À NE PAS ABOYER

Un chien qui aboie peut vite devenir ennuyant, notamment un chien qui aboie la nuit... ou encore toute la journée ! Alors, si votre toutou vous agresse les tympans toute la journée, il va falloir remédier à ce problème. Voyons ensemble comment faire taire un chien qui aboie.

COMPRENDRE L'ABOIEMENT DU CHIEN

Pour commencer, rappelons que l'aboiement du chien est quelque chose de très naturel. Il s'agit avant tout pour nous d'un mode de communication. Néanmoins, si votre chien aboie tout le temps, c'est qu'il y a un problème. En dehors du fait qu'il vous dérange ou agace vos voisins, un aboiement incessant est surtout une manière pour votre chien de montrer que quelque chose ne va pas.

Aboyer peut nous permettre de traduire différents sentiments :

- La protection du foyer
- La peur
- L'ennui
- La frustration

Vous l'aurez compris, l'aboiement du chien peut vouloir dire tout et n'importe quoi. Il leur arrive même d'aboyer uniquement pour attirer votre attention. Mais comment éviter ce comportement du chien qui vous agace ?

MON CHIEN ABOIE TOUT LE TEMPS : QUE FAIRE ?

La première solution quand un chien aboie, c'est l'éducation ! Eh oui, avant de réfléchir à des outils comme le collier anti aboiement, il est intéressant comprendre pourquoi un chien aboie et de penser à éduquer son chien, de manière à limiter les comportements qui peuvent l'inciter à aboyer.

Pour ce faire, voici quelques astuces à appliquer pour lui apprendre à ne pas aboyer :

INITIER LE CHIEN AUX AUTRES ET À DES SITUATIONS QUOTIDIENNES
Les principales causes d'aboiement d'un chien sont la peur et l'instinct de garde. Si votre chien n'a jamais connu que vous dans son territoire (c'est à dire dans votre maison), il aura une tendance naturelle à aboyer au moindre bruit ou à l'arrivée d'un inconnu. Dès son plus jeune âge, pensez donc à inviter des personnes et à le familiariser avec la présence d'autrui. De même, initiez-le aux situations quotidiennes (bruit, circulation, foule,...) de manière à ce qu'il ne développe aucune phobie et ne soit pas d'un craintif naturel.

FAIRE DE L'EXERCICE
Un chien peut également aboyer car il s'ennuie férocement ! Si votre animal semble hyperactif, fait des dégâts chez vous ou dans votre jardin, le problème ne vient pas forcément de lui. En effet, si vous négligez les balades quotidiennes ou le sport du chien, cela pourra se retourner contre vous sous forme d'aboiement et d'énervement !

ÊTRE À L'ORIGINE DES JEUX ET SORTIES
Une autre cause d'aboiement est tout simplement une demande d'attention. Si vous vous pliez aux quatre volontés de votre chien au moindre aboiement, vous l'inciterez à aboyer de plus en plus souvent. Quand votre chien aboie, ignorez-le ou isolez-le dans une autre pièce. Dès son plus jeune âge, il doit comprendre que c'est vous qui décidez quand le sortir ou quand jouer avec lui.

Attention : répondre à un aboiement de chien en hurlant ne fera qu'exciter votre animal, et aura l'effet inverse de celui recherché.

Savoir ignorer son chien : pour éviter que votre chien n'aboie toujours en votre absence, évitez de lui faire la fête quand vous entrez dans la maison ou quand vous la quittez. A votre arrivée, ignorez votre chien et ne faîtes pas de chaque retour une célébration. Lors d'un départ, ne dites jamais au revoir à votre animal. Cela aura en effet tendance à pousser votre chien à aboyer jusqu'à votre retour.

APPRENDRE À MON CHIEN À NE PAS ABOYER

Peur, excitation, solitude ou volonté d'attirer votre attention, lorsque le chien commence à aboyer, il est assez rare qu'il se fatigue le premier. Paradoxalement, pour apprendre à votre chien à ne pas aboyer, il est pertinent de lui enseigner dans un premier temps à aboyer sur commande. Voici les étapes :

1. Quand il commence à aboyer spontanément, profitez-en pour lui dire : "aboie". Attendez quelques instants et récompensez-le. Recommencer un bon nombre de fois.

2. De temps en temps, dites-lui "aboie": s'il se met à aboyer, vous lui donnez la récompense méritée.

3. Il est temps d'introduire "silence" après "aboie". Ce qui donne : "aboie" et le chien aboie donc, récompense, puis "silence" et le chien se tait, donc, récompense.

Vous avez dès lors appris à votre chien à cesser d'aboyer, même quand ce n'est pas vous qui avez déclenché les aboiements. N'oubliez pas de continuer à récompenser encore un certain temps l'arrêt des aboiements !

LES PIÈGES À ÉVITER

Pour lui apprendre à arrêter rapidement, comme toujours dans l'éducation, la cohérence sera votre meilleure alliée. Il faut apprendre à votre chien à comprendre "silence". Il n'est pas forcément très efficace de le crier : pour lui c'est un encouragement à continuer, pour vous, c'est une limite dans votre marge de progression sonore. Au contraire, "silence" dit très bas oblige votre chien, qui n'est pas sourd, à se concentrer sur votre voix et vous laisse la possibilité de hausser le ton par la suite.

Voyons un peu les méthodes à complétement éviter...

Votre chien commence à aboyer, ou mieux encore, vous anticiper que votre chien est sur le point d'aboyer vous dites "silence" puis :

- ○ Vous le frappez : ça défoule mais c'est inutile, violent, injuste (il n'a pas non plus commis un crime !) contre-productif et éventuellement limite au regard de la protection des animaux. On oublie donc.
- ○ Vous lui proposez une friandise-récompense. S'il s'arrête d'aboyer, il obtient la friandise. Cela va l'inciter à aboyer pour obtenir des friandises. A éviter.
- ○ Vous lancez un objet dans sa direction (un jeu, par exemple, pour ne pas avoir à sacrifier vos chaussettes), pour lui faire perdre le cours de ses pensées. Distrait, le chien oublie la cause de ses aboiements. Pratique mais cette technique peut aussi, sur le long terme, entraîner un conditionnement : "si je veux jouer avec toi, il faut que j'aboie un moment pour que tu m'envoies un jouet". A éviter.

APPRENDRE À NE PAS SAUTER SUR LES GENS

Un chiot qui saute, cela n'a rien de rare. Pourtant, un chien qui saute peut vite devenir dangereux quand il est adulte... ou plus simplement très ennuyant ! De ce fait, il est important d'empêcher un chien de sauter sur les gens pour lui enlever ce genre d'habitudes.

POURQUOI MON CHIEN SAUTE SUR LES GENS ?

Avant toute chose, rappelons ce que signifie un chien qui saute sur les invités. Pour les chiens, une bonne manière de se dire bonjour est de se lécher le museau ou encore de le renifler ! Vous remarquez cela si vous faites bien attention lors de la rencontre entre deux chiens.

Problème : le "museau" des humains (votre visage !) n'est pas au même niveau qu'eux. Pour vous saluer, ils seront donc tentés de sauter jusqu'à votre visage. Or, si un chiot qui saute peut être mignon, il en va autrement lorsqu'il a grandi. Un chien peut d'ailleurs se mettre à sauter sur n'importe qui, et devenir un danger pour les enfants.

Il est donc indispensable de bien éduquer son chien pour qu'il comprenne qu'il ne doit pas saluer un humain comme il salue un autre chien.

COMMENT ÉVITER LES SAUTS ?

Heureusement, il existe une technique d'éducation qui vous permettra d'éviter ce mauvais comportement. Pour cela, comme pour la plupart des méthodes, on utilisera un jeu ou une friandise.

Si votre chien vous fait la fête quand vous arrivez et menace de sauter, retournez derrière la porte et laissez-la entrebâillée, pour voir votre chien. Là, montrez lui une friandise ou un jouet pour chien pour attirer son attention.

Une fois qu'il a bien vu sa récompense, ordonnez-lui de s'asseoir. Il faudra naturellement lui apprendre l'ordre "Assis" en premier lieu. Une fois qu'il est resté assis suffisamment longtemps, entrez et donnez-lui sa récompense.

À terme, remplacez la friandise pour chien par un simple jouet. Si tous les membres de la famille s'accordent pour suivre cette technique, votre toutou finira par vous attendre assis, bien sagement.

Il est important de répéter cette technique très souvent, puis de la pratiquer avec des invités. Sans quoi, votre chien ne comprendra pas qu'il ne doit pas sauter sur les gens.

LES PIÈGES À ÉVITER

Pour terminer cet article, je tenais à rappeler les mauvaises pratiques à NE PAS adopter si vous voulez que votre chien arrête de sauter sur les gens :

- **Crier sur le chien** : un chien qui saute est un chien excité de vous voir. Crier sur lui ou vous énerver ne fera qu'accentuer son excitation, ce qui est l'inverse de l'effet recherché. Restez toujours calme quand votre chien saute sur vous !
- **Repousser le chien** : le chien qui saute sur les gens cherche un contact ou une attention. Ne faites donc pas l'erreur de le repousser. Contentez-vous de l'ignorer, sans le toucher ni le regarder. L'idéal est de croiser les bras et de tourner le dos au chien, en lui ordonnant de s'asseoir.
- **Faire la fête à son chien** : pour éviter d'encourager un mauvais comportement, ne faites jamais la fête à un chien quand vous partez ou quand vous rentrez. Agissez au

contraire calmement pour ne pas que chacun de vos passages soit un évènement !

APPRENDRE À ALLER AU PANIER

L'ordre « à ta place », ou encore « au panier » est très pratique si vous voulez inciter votre chien à rester bien calme. Pour éduquer son chiot à cet ordre, il vous faut suivre une technique bien précise. Comme toujours, quand on veut apprendre des tours amusants à son chien, ou l'éduquer aux bonnes manières, cela nécessite beaucoup de patience et d'implication.

À QUOI SERT L'ORDRE « AU PANIER » ?

Il consiste à apprendre à son chien à retourner à sa place (dans son panier, sur son coussin préféré, dans un coin de la maison, etc.).

Imaginez que vous recevez des invités. Toutou se met à devenir un peu foufou et vous gêne dans l'accueil de vos hôtes. Un simple « à ta place » suffit à lui faire comprendre que vous préférez le voir dans son panier plutôt que dans les pieds de vos convives ! Utile, n'est-ce pas ?

INITIER UN CHIEN À SON PANIER

Pour que l'exercice fonctionne, il est préférable que le chien connaisse déjà son panier, et s'y sente à l'aise. Le « à ta place » est un ordre à apprendre quand le chien a déjà plusieurs mois, et si possible après des ordres plus élémentaires (« Pas bouger ! », « couché », etc.).

DÉTERMINER L'ENDROIT DU PANIER

Pour commencer, il faut avoir bien positionné le panier ou le coussin du chien. Un panier pour chien doit idéalement se situer au calme, et à l'abri du passage.

Laissez le panier dans un endroit où le chien se sent bien, mais qui n'empiète pas sur les lieux de passage (couloir, escalier, etc.).

Si vous êtes en train d'éduquer un chiot, l'idéal est qu'il comprenne tout de même à quoi sert son panier, et où il est situé.

Il est important que le chien considère le panier comme un endroit de repos. Il ne faut pas associer le panier à une punition, et encore moins à un enfermement.

Ne forcez donc jamais un chien à entrer dans le panier, ni à y rester.

APPRENDRE À SON CHIEN À RETOURNER À SA PLACE

Éduquer son chien nécessite beaucoup de patience et une certaine méthode. Voici mes conseils si vous souhaitez apprendre ce nouvel ordre à votre toutou sans le brusquer.

Il vous suffit de suivre pas à pas les étapes suivantes :

1) APPÂTEZ LE CHIEN VERS LE PANIER

Pour débuter la méthode d'éducation du chiot à proprement parler, équipez-vous d'une friandise pour chien.

Montrez-la au chien sans la lui donner. Puis, en utilisant la friandise, incitez le chien à rejoindre son panier. Si la friandise est suffisamment bien choisie, vous n'aurez aucun mal à ce que le toutou vous suive en se léchant les babines !

Une fois le chien dans le panier, donnez-lui la friandise puis écartez-vous légèrement. Essayez de faire en sorte qu'il reste dans son panier (mais sans jamais le brusquer). Réitérez l'expérience plusieurs fois.

Vous pouvez inciter votre chien à rester dans le panier, en jouant avec lui ou en le caressant.

2) APPRENDRE L'ORDRE "À TA PLACE" !

Comme toujours dans l'éducation d'un chien, tout est une question de répétition. Quand le chien commence à comprendre que vous souhaitez qu'il reste dans son panier, utilisez l'ordre que vous souhaitez associer à ce geste ("à ta place", "dans ton panier", "le panier !", etc.).

Le but est que le chien associe cet ordre avec sa présence au panier.

Continuez à le récompenser par des friandises ou des caresses quand il reste dans son panier. Faites cet exercice plusieurs fois dans la journée, sans trop insister pour ne pas ennuyer le chien (ne passez jamais plus d'une demi-heure par jour sur le même exercice).

3) INTENSIFIER L'EXERCICE

Au fur et à mesure, éloignez-vous de plus en plus du panier au moment de dire l'ordre. En entendant l'ordre, le chien doit se précipiter au panier.

S'il ne le fait pas au départ, rapprochez-vous du panier et répétez l'ordre. Si besoin, appâtez-le à nouveau vers son panier jusqu'à ce qu'il comprenne ce que vous désirez de lui. Essayez de vous éloigner progressivement du panier, et attendez toujours un peu plus longtemps entre le moment où le chien entre dans le panier et celui où vous lui donnez la récompense.

Ne tirez jamais votre chien par le collier et n'essayez pas de le pousser vers le panier. C'est un choix qu'il doit faire de son plein gré pour que l'exercice fonctionne !

Important : après un moment, arrêtez de donner des friandises et contentez-vous de féliciter le chien. L'important est de toujours le récompenser et de montrer votre contentement quand il répond correctement à l'ordre.

APPRENDRE À RESTER SEUL À LA MAISON

Dans les jours qui suivent son arrivée dans la famille, le chiot est l'objet de toutes les tendresses et de toutes les attentions. Malgré votre envie de le chouchouter, c'est le moment idéal pour commencer à lui apprendre à rester seul à la maison. Pour que votre absence ne soit pas une souffrance pour lui et votre retour une souffrance pour vous, il est temps de vous y mettre ! Voici quelques astuces pour rendre possible et facile cet apprentissage.

LES PIÈGES À ÉVITER

De nombreuses erreurs sont le fruit de l'attachement des premiers temps, des bonnes intentions des maîtres et de leur manque de conviction pour tout ce qui est un peu plus difficile.

Pensez que vous le faites pour son bien et pour le vôtre.

Un chien qui n'a pas appris à supporter la solitude passera le temps de votre absence à hurler à la mort, irritant fortement vos voisins, ou à salir ou détruire votre domicile, ce qui peut être très éprouvant pour vous et nuire à votre relation avec lui.

Ne tardez pas : Lorsque le chiot arrive chez vous, il est adorable, et vous n'avez qu'une seule envie : passer du temps avec lui, jouer avec lui et le dorloter. Pour lui, c'est une période bénie qui l'aide à accepter la séparation qui a l'a privé de sa mère. Si vous tardez à lui apprendre la solitude, imaginez un peu le traumatisme que sera pour lui votre reprise du travail !

Ne ritualisez pas votre départ : si vous remplissez sa gamelle avant, si vous mettez vos chaussures, cherchez vos clés et vos affaires juste avant de partir, il associera tous ces gestes à votre prochaine absence et commencera à éprouver un stress grandissant et insurmontable. Il faut que toutes vos affaires soient proches de la portes et disponibles rapidement.

Ne donnez pas d'importance à votre départ : si vous le câlinez, l'embrassez, lui parlez juste avant de partir, vous créez une émotion forte suivie d'une grande déception quand vous allez partir. Ces gestes montrent votre propre angoisse de le laisser et ne doutez pas une seule seconde que cette angoisse soit contagieuse. Si tendresse = stress, vous allez le perturber durablement ! Donc, ne soyez pas anxieux, ou du moins, ne cédez pas à vos émotions face à lui à ce moment.

- ◯ Ne partez pas en cachette : c'est contre-productif, le chien se sent trompé et donc déçu.
- ◯ Ne laissez pas de fenêtre ouverte
- ◯ Ne l'enfermez pas dans une pièce. C'est une solution de facilité à court-terme aux effets très négatifs à plus long terme.

LES GESTES ET ATTITUDES À ADOPTER POUR APPRENDRE À VOTRE CHIEN À RESTER SEUL À LA MAISON

Pour que le chiot vive le départ avec sérénité, il faut qu'il en ait conscience d'une part et qu'il le voit comme un événement de peu d'importance d'autre part.

- ◯ Habituez-le rapidement à de petites absences, dès les premiers jours. Sortez cinq minutes, puis 10, etc. S'il voit que vous revenez même lorsque les absences se prolongent, il se rassure. Ne sortez pas à des horaires fixes. Il ne doit pas pouvoir associer une heure à votre absence.
- ◯ Il doit vous voir partir. Inutile de lui cacher votre départ.
- ◯ Ignorez-le 15 minutes avant votre départ et 15 minutes après votre retour pour contribuer à en faire un non-

évènement et ne pas créer de déceptions ou montées de stress ou d'excitation.

- ⃝ Veillez à ce qu'il n'ait pas besoin de faire ses besoins pendant votre absence. Sortez-le environ une demi-heure avant votre départ.
- ⃝ Si vous avez des voisins, n'hésitez pas à les prévenir que vous venez d'adopter un chien et qu'il pourrait faire un peu de bruit dans les premiers temps.
- ⃝ Veillez à ne pas laisser d'objets dangereux (couteaux ou fils électriques apparents) ou en équilibre instable dans l'appartement.

SOCIABILISER SON CHIEN

Mouss Le chien vous raconte son apprentissage de la socialisation :

« Lorsque j'étais tout jeune, je n'étais pas le chien mature et bien éduqué que je suis aujourd'hui. Je n'avais jamais vu de chat de ma vie, je n'avais pas été exposé au tonnerre et même dans mes pires cauchemars, je n'aurais pas su imaginer les enfants turbulents de la voisine ! Mes parents, heureusement, savaient que la socialisation d'un chien est très importante pour forger son futur comportement. Elle doit être partie intégrante de l'éducation ! »

QUELS SONT LES APPRENTISSAGES CLÉS DE LA SOCIALISATION ?

Socialiser son chien, c'est chercher à l'exposer à une foule de situations et d'environnements différents pour le rendre plus courageux et aussi plus sociable à l'égard des étrangers et des autres animaux. Pas question de grogner lorsque des invités se pointent à la porte ! Bien entendu, ça demande beaucoup d'efforts avant de porter ses fruits ! En collaboration avec Chat Et Chien, je vous donne quelques exemples d'activités qui vont permettre à votre chien de devenir un vrai toutou modèle comme moi :

LES BRUITS :

Mouss : « Entendre un coup de tonnerre pour la première fois, c'est un peu comme si on sentait le ciel nous tomber sur la tête ! Je ne vous apprends rien non plus en vous disant que des gens qui crient à quelques mètres de vous, ce n'est pas sympa non plus. Heureusement, on m'a appris très tôt que le bruit ambiant ne doit pas me faire peur ! Les voitures m'auraient aussi terrorisé si je n'avais pas fait de promenades dans les rues plus achalandées dès l'âge de 3 ou 4 mois. »

LE TRANSPORT EN VOITURE :

Mouss : « Un de mes amis est parti en vacances avec ses maîtres lorsqu'il avait trois ans... et c'était la première fois qu'il entrait dans une voiture ! Encore aujourd'hui, il me rappelle à quel point cette expérience l'a traumatisé. Heureusement, dans mon cas, je fais ces voyages régulièrement depuis que je suis tout jeune ! C'est bien plus facile pour un jeune chiot de combattre ses peurs. »

LES ÉTRANGERS ET LA MANIPULATION :

Mouss : « Il y a certaines races de chiens qui détestent tout simplement se faire caresser : c'est dans leurs gènes ! La capacité à accepter l'affection des autres réside aussi dans la socialisation ! En se faisant manipuler par tout le monde dès son plus jeune âge, on apprend à apprécier les caresses – ou à les endurer – et on montre moins les dents lorsque les étrangers se font insistants.

Sur une note similaire, je n'aurais jamais accepté qu'on me coupe les griffes, qu'on me caresse les pattes ou qu'on me brosse les dents si on ne m'avait pas habitué lorsque j'étais un chiot ! Maintenant, ça fait partie de ma routine quotidienne. »

LES ENFANTS :

Mouss : « Tous les enfants ne sont pas très habiles pour jouer avec nous ! Se faire tirailler n'est jamais agréable, mais j'ai appris à être un peu plus tolérant après ma rencontre avec Paulo, fils de la voisine... quel choc lorsqu'il a cherché à me monter sur le dos la première fois ! Heureusement, sa mère était présente pour le superviser et tempérer son énergie débordante. Maintenant, je comprends que les enfants ont de la difficulté à jauger leur force... même si parfois, je préfère encore me cacher ! »

LES AUTRES ANIMAUX :

Mouss : « Même si je n'aime pas beaucoup les chats, je crois que ça aurait été bien pire si je n'avais pas cohabité pendant deux ans avec le vieux matou de mes maîtres. Si vous voulez préparer votre chiot, pourquoi ne pas vous entendre avec un ami qui a un jeune chaton et les faire passer un peu de temps ensemble ? Même chose avec les autres chiens : les visites au parc canin, c'est comme la maternelle chez les êtres humains, ça nous apprend à cohabiter ! »

Si vous réussissez à maîtriser ces apprentissages, ce sera un très bon départ !

QUAND FAUT-IL COMMENCER À SOCIALISER UN CHIEN ?

Si vous attendez trop longtemps avant de vous lancer, votre cher compagnon à poils risque de développer quelques mauvais plis qui seront plus difficiles à effacer.

Le rôle de l'éleveur notamment sera déterminant, il commencera entre la 4e et la 8e semaine. Il ne faut pas chercher à détacher le chien trop vite de sa mère, mais il est plus que conseillé de commencer assez jeune, ne serait-ce qu'avec les caresses et l'exposition à quelques bruits un peu stressants !

APPRENDRE DES TOURS

APPRENDRE À RAPPORTER

Apprendre à son chien à rapporter est l'une des techniques d'éducation les plus basiques. Il faut dire que rapporter est l'un des jeux de chien les plus courants. Qui n'a jamais jeté un jouet à un chien en lui criant "Va chercher !" ? Mais pour apprendre à ramener, mieux vaut disposer d'une bonne technique pour éduquer son chien. Je vais vous révéler tous les secrets à connaître pour apprendre le « Apporte » !

APPRENDRE À SON CHIEN À RAPPORTER

Comme toutes les techniques d'éducation canine, celle-ci nécessite beaucoup de patience et d'énergie de votre part. Ne vous attendez pas à éduquer un chien en quelques heures !

Pour apprendre à ramener à son chien, il va falloir suivre attentivement toutes les étapes de cet article. Comme toujours, favorisez systématiquement les techniques par renforcement positif. Si vous voulez que votre chien apprenne vite et bien : n'utilisez jamais de punition, mais uniquement des récompenses !

1. CHOISIR L'OBJET POUR APPRENDRE À DONNER

Pour commencer, il va falloir choisir un jouet pour chien à lancer. En effet, impossible de rapporter si vous n'avez rien lancé !

Pour faire le bon choix, optez pour un jouet pour chien suffisamment large et "flashy", pour qu'il soit plus facile à retrouver pour votre chien.

Pour apprendre à ramener à son chien, on évitera absolument les balles de tennis ou les jouets qui ne sont pas faits pour les chiens (notamment les objets durs). Ils risquent d'abîmer les dents de votre toutou ou d'entraîner des problèmes d'estomac.

2. TROUVER L'ENDROIT POUR ÉDUQUER VOTRE CHIEN

Comme toutes les autres techniques d'éducation du chiot, il va vous falloir débuter dans un endroit calme. En effet, un jeune chien a du mal à se concentrer. S'il est entouré d'inconnus ou de bruits, il ne parviendra jamais à apprendre à rapporter.

Préférez donc commencer dans un lieu calme et connu, comme votre jardin par exemple, ou encore un parc à proximité de chez vous.

Si votre chiot est jeune, privilégiez les endroits clôturés, pour éviter qu'il ne s'échappe.

3. APPRENDRE À RAMENER

Si vous avez déjà commencé l'éducation du chiot, vous savez que cela nécessite de répéter très souvent les mêmes mouvements. Apprendre à son chien à rapporter ne déroge pas à la règle.

Il va vous falloir commencer par définir un ordre, c'est à dire une phrase à prononcer pour que votre chien rapporte. Ce sera par exemple le classique "Va chercher !". Pour plus d'efficacité, vous allez associer cet ordre à un geste. Vous pouvez par exemple mimer le lancer d'un objet.

Il vous suffit ensuite de lancer votre jouet tout en répétant l'ordre et le geste. Si votre chien ne réagit pas, allez vous-même chercher l'objet, retournez calmement à votre position initiale et répétez le geste.

Quand votre chien a récupéré l'objet, restez à votre place et attendez qu'il le rapporte. Pensez au départ à le féliciter dès qu'il rapporte l'objet, en lui offrant une friandise pour chien. Puis peu à peu, vous remplacerez la friandise par de simples caresses.

4. APPRENDRE À DONNER

L'une des étapes les plus délicates sera naturellement d'apprendre à lâcher. Pour nous les chiens, il est naturel de vouloir garder nos jouets en bouche. Cela s'intègre dans notre logique de domination. Nous voulons prouver que nous sommes le plus fort en refusant de céder le moindre objet.

Vous vous en doutez, l'éducation du chien va nécessiter de lui enlever cette mauvaise habitude. La pire des choses à faire serait d'entrer dans un affrontement physique avec votre chien. Évitez absolument de jouer à qui tirera le plus fort, car cela risque d'inciter votre chien à garder prise plus longtemps.

Pour apprendre à donner, vous allez appliquer la même méthode, en associant un ordre et un geste. Vous pouvez par exemple dire "Donne !" en tendant la paume de la main. S'il ne réagit pas, tirez brièvement sur le jouet et tendez à nouveau la main. Une fois qu'il aura compris et lâché l'objet dans votre main, félicitez-le à l'aide d'une friandise pour chien.

Cette technique de renforcement positif le poussera peu à peu à vous donner la balle sur commande, sans que vous ayez à insister. Naturellement, cela nécessitera un peu de patience au départ bien sûr, tout comme les autres ordres à apprendre pour que votre chien ait une éducation irréprochable.

5. PASSER À LA VITESSE SUPÉRIEURE

Une fois que votre chien rapporte le jouet sur commande dans votre jardin, vous pouvez passer à un environnement plus bruyant. Essayez par exemple dans un parc ou dans une forêt.

Attention cependant : évitez de laisser votre chien sans laisse dans un lieu public si vous ne lui avez pas appris en premier lieu le rappel.

Une fois la technique parfaitement maîtrisée, jouer à la balle avec votre chien deviendra un vrai plaisir, en toutes circonstances.

APPRENDRE LA RÉVÉRENCE

Qui a dit que seuls les humains étaient polis ? Les chiens aussi le sont. La preuve ? Ils savent faire la référence ! En tout cas, ils savent la faire si leur maître sait comment apprendre des tours à un chien. Vous aimeriez vous aussi apprendre ce tour amusant à votre toutou ? Dans ce cas, découvrez ma méthode pour apprendre à un toutou à faire la référence !

UN MOUVEMENT NATUREL

Chez les humains, la révérence est un mouvement de salut. Pour le chien, le mouvement de révérence est en réalité un appel au jeu. La posture de révérence pour le chien est lorsqu'il pose ses deux pattes avant au sol, et lève son postérieur.

Pour que peu que votre chiot soit joueur, il est possible que vous l'ayez déjà vu faire la révérence. Mais grâce à un peu de patience, vous pourriez le pousser à faire la révérence sur commande.

Voyons ensemble comment procéder !

LA MÉTHODE POUR APPRENDRE LA RÉVÉRENCE

Si le mouvement de la révérence chez le chien vous intéresse, il va falloir le travailler.

On évitera d'apprendre la révérence à un chiot de moins d'un an, car cela pourrait engendrer des problèmes de croissance.

Comme toutes les méthodes, l'apprentissage de la révérence nécessite de la patience et du travail. Voici les différentes étapes par lesquelles vous devrez passer :

1. PRÉPAREZ LA POSITION
Pour cet exercice, vous allez vous équiper de quelques friandises.

- ⊙ Pour commencer, placez-vous en position assise, directement sur le sol.
- ⊙ Prenez une friandise pour chien en main, de manière à attirer votre toutou.
- ⊙ Puis, allongez l'une de vos jambes, et placez votre main portant la friandise sous la jambe tendue. Le but est de pousser votre chien à essayer de s'accroupir pour récupérer la friandise.
- ⊙ Lorsqu'il essaie, déclarez un ordre (par exemple "Salut !").

2. POUSSER LE CHIEN À FAIRE LA RÉVÉRENCE

Alors que votre chien essaie d'attraper la friandise ou la croquette, il y a des chances qu'il se place naturellement en position de révérence. Dans ce cas, répétez l'ordre que vous avez choisi, puis félicitez votre chien et donnez-lui la friandise.

Si votre chien essaie de se coucher, passez votre seconde main sous son ventre, de manière à le forcer à rester sur ses pattes arrière. Félicitez-le quand il est à nouveau debout sur ses pattes, et donnez-lui la friandise.

Répétez l'exercice jusqu'à ce que votre chien n'essaie plus de se coucher.

3. CONTINUER L'EXERCICE

À terme, votre chien devrait faire le salut naturellement lorsqu'il essaie d'attraper la friandise sous votre jambe. Au fur et à mesure, vous allez lever votre jambe tendue de manière à ce que l'obstacle soit de moins en moins évident pour votre chien.

Pensez toujours à répéter votre ordre et à féliciter le chien lorsqu'il est dans la position souhaitée.

L'enjeu final est que vous n'ayez plus à utiliser votre jambe comme un obstacle pour que le chien se mette en position de révérence.

Lorsqu'il réussit à faire la révérence sur ordre, n'oubliez pas de continuer de le féliciter à l'aide de friandises.

4. RÉUSSIR À APPRENDRE LE SALUT À UN CHIEN

Pour que l'ordre soit parfaitement intégré, vous allez devoir répéter cet exercice de nombreuses fois. Inutile d'ennuyer votre chien avec cela pendant des heures ! Pratiquez cet exercice une vingtaine de minutes par jour au maximum, et attendez de voir les résultats.

L'avantage principal de cette méthode est qu'elle peut être faite à la maison sans problème.

Une fois que votre chien a bien assimilé l'ordre, arrêtez de lui donner des friandises, mais continuez de le féliciter et de le cajoler à chaque fois qu'il vous obéit.

LA MÉTHODE NATURELLE POUR QU'UN CHIEN APPRENNE LA RÉVÉRENCE

Vous n'avez pas envie de faire des exercices spécifiques à votre chien pour lui apprendre la révérence, mais cet apprentissage vous intéresse quand même ? Dans cas, il vous suffit d'attendre que votre chien fasse naturellement la révérence.

À chaque fois qu'il s'exécute, pensez à le féliciter et à lui donner une friandise. Il faudra également utiliser un ordre, pour qu'il assimile naturellement ce geste à la révérence. Cependant, cette méthode sera bien plus longue que si vous suivez la méthode ci-dessus.

APPRENDRE À DIRE « BONJOUR »

Les chiens ont besoin d'apprendre tout au long de notre vie, pour rester vifs et être au top de leurs capacités. Dire "bonjour" et "au revoir", c'est un tour classique qui plaît bien ! Je vais vous expliquer comment on l'enseigne.

LES PRÉREQUIS

Inutile de vous dire qu'il ne "dira" pas "bonjour" et "au revoir" mais qu'il fera signe à sa manière. La patte est idéale pour s'exprimer. Donc, pour commencer, il faut que votre chien ait appris à lever la patte sur commande. Cela suppose également qu'il connaisse les mots "donne la patte".

Vous allez lui apprendre à agiter la patte et à répondre à des mots nouveaux, vous allez donc développer plusieurs qualités chez lui. Pensez à veiller à ce qu'il ne développe pas uniquement la dextérité d'une patte. N'hésitez pas à le pousser à utiliser la seconde.

LES ÉTAPES POUR APPRENDRE À DIRE "BONJOUR" ET "AU REVOIR"

○ Lorsque vous commencez, repartez d'un point que votre chien maîtrise déjà bien … la friandise ! Comme bien souvent, il vaut mieux dès le début lui faire comprendre qu'une récompense va accompagner les bonnes conduites.

○ Ensuite, demandez à votre chien de s'asseoir et installez-vous face à lui, dans une position classique de "lève la patte". Vous avez la friandise dans votre main gauche et vous lui faites un signe de la main droite pour lui faire lever la patte, comme si vous alliez la serrer.

○ Lorsqu'il lève la patte, agitez votre main et dites "Patte, dis bonjour !" ou "Patte, salue !" comme vous préférez. Dans le même temps, vous pouvez lui donner sa première récompense.

○ Il faut répéter plusieurs fois cette étape. Lorsque vous considérez qu'il a bien compris, vous pouvez commencer à supprimer peu à peu le début de la phrase : "Patte".

○ Continuez à agiter la main devant lui en disant "Dis bonjour" ou "Dis au revoir". Il faut qu'il soit capable de réagir indistinctement à l'une ou l'autre de ces deux phrases.

L'objectif : lorsqu'il entend "Dis bonjour" ou "Dis au revoir", votre chien lève la patte et l'agite.

TRUCS ET ASTUCES

Pour enseigner un nouveau tour à un chien, il faut profiter de moments de concentration. Un moment d'excitation dans le jeu ne sera pas efficace, par exemple.

Ensuite, pour maintenir l'attention du chien, les friandises, les caresses et les félicitations sont beaucoup plus efficaces que les brimades. La méthode du renforcement positif est de loin la plus enseignée aujourd'hui.

N'oubliez pas qu'une étape doit être bien comprise pour passer à la suivante et qu'il ne faut alors plus revenir en arrière. On ne revient en arrière que lorsqu'une étape n'est clairement pas comprise.

Enfin, n'hésitez pas à faire une petite pause entre deux étapes, lorsque vous sentez que vous chien commence à perdre son attention.

APPRENDRE À FAIRE UN BISOU

Apprendre de nouveaux tours est une activité stimulante pour votre chien. Plus un chien apprend, plus il peut apprendre. Et pour lui, c'est à la fois un jeu et un défi. Or, vous lui avez enseigné les tours les plus importants et utiles et vous en cherchez un nouveau ? Faites de votre chien un excellent convive en lui apprenant "fais un bisou" : un tour calme et affectueux qui devrait séduire tous vos amis !

PARTEZ D'UNE SITUATION NATURELLE

Tous les chiens ne sont pas prédisposés à apprendre tous les tours. Pour celui-ci, il faut que votre chien présente un terrain affectueux et confiant envers vous et votre entourage. En effet, spontanément, certains chiens vont poser leur truffe sur votre visage lorsqu'ils veulent vous montrer leur affection. Ils le font de leur propre chef dans un élan d'émotion.

Pour commencer, il faut donc attendre que votre chien vous fasse un bisou. Lorsque ça se produit, dites-lui "fais un bisou" et donnez-lui une friandise ou des caresses.

L'objectif est d'attirer son attention sur cette action.

Renouvelez l'expérience un certain nombre de fois, d'une manière exactement identique à celle-ci. D'un chien à l'autre, ce nombre varie : certains chiens comprennent en 5 fois, pour d'autres il faut répéter 10 fois.

INVITEZ VOTRE CHIEN À RECONNAÎTRE LE "FAIS UN BISOU"

Passé un certain temps, vous pouvez commencer à dire le "fais un bisou" à votre chien. S'il réagit et vient vers vous poser sa truffe sur votre joue, il faut alors le récompenser avec une friandise, des caresses et des paroles encourageantes. Le chien comprend alors qu'il a eu le bon comportement et cela l'aide à le reproduire lorsque la situation sera identique.

Cette étape aussi doit être répétée un certain nombre de fois, avec vous uniquement dans un premier temps.

Au bout d'un certain temps, si vous considérez que votre chien a bien compris, vous pouvez retirer la friandise, mais pas les caresses et les encouragements qui ont une très grande valeur aux yeux de votre chien.

Lorsque vous êtes certain qu'il a bien compris le "fais un bisou" avec vous, il est temps de lui proposer d'en faire à votre entourage, en commençant par les personnes qu'il connaît le mieux. Idéalement, des membres de votre foyer.

Quoi qu'il en soit, si votre chien éprouve une réticence à faire un bisou à une personne, il vaut mieux ne pas insister au-delà de quelques répétitions. Peut-être ne la connaît-il pas suffisamment. Attendez un peu qu'il ait pris ses repères avant de recommencer en proposant ostensiblement une nouvelle friandise.

QUELQUES CONSEILS POUR AIDER VOTRE CHIEN

Si vous constatez qu'il ne reconnaît pas "fais un bisou" lorsque vous le lui demandez hors contexte, il faut recommencer le processus.

Votre chien n'a peut-être pas fait le lien entre le bisou et la friandise. Attendez qu'il ait faim pour provoquer cette situation. Un chien au ventre vide est toujours plus attentif et motivé pour apprendre de nouveaux tours qu'un chien bien repu !

Attendez que le "fais un bisou" soit rentré dans ses habitudes quotidiennes avant de lui demander d'en faire à vos amis, à plus forte raison s'il ne les connaît pas !

APPRENDRE LE « TOUCHE »

Facile et utile, voilà un tour que vous ne regretterez pas d'avoir enseigné à votre chien ! Le "touche" n'a l'air de rien, mais c'est le point de départ indispensable pour de nombreux autres tours. En plus, c'est une nouvelle occasion de développer votre complicité avec votre chien. Bref, je vous livre la recette pour enseigner le "touche" à votre chien !

POURQUOI ENSEIGNER LE "TOUCHE" ?

La plupart des chiens aiment apprendre de nouvelles compétences au fil de leur vie. Pour eux, c'est un moyen de :

- ◯ Mieux comprendre le monde des humains
- ◯ Mieux communiquer avec leur maître
- ◯ Continuer à développer leur intelligence

Le "touche" présente plusieurs avantages. D'abord, c'est un tour facile à enseigner, il est donc valorisant pour votre chien et pour vous aussi. Si vous êtes un jeune maître débutant, vous avez tout comme lui besoin de prendre confiance en vous et ce tour devrait vous aider.

Ensuite, c'est un tour qui peut vous permettre à aider votre chien à se dépasser. En le poussant à toucher votre main ou des objets dans des circonstances où il n'est pas à l'aise, vous l'aidez à prendre confiance en lui et à se rassurer. Si vous avez l'intention de faire une activité sportive avec votre chien, ce sera un outil utile pour l'aider à se dépasser.

Enfin, ce tour est la base nécessaire pour en apprendre plein d'autres après.

COMMENT ENSEIGNER LE "TOUCHE" ?

Il vous faudra des croquettes ou des friandises pour récompenser votre chien. Il est préférable, comme souvent, de commencer à l'enseigner dans un endroit calme et d'attendre qu'il soit bien compris avant de passer à un endroit plus agité.

<u>1ÈRE ÉTAPE : LA MAIN</u>

○ Positionnez-vous debout face à votre chien assis et montrez-lui que vous avez une récompense dans la main. Placez la croquette entre deux doigts de votre main ouverte, la paume face au regard du chien.

○ Autorisez votre chien à venir chercher la croquette et lorsqu'il la prend, dites "oui".

○ Après une dizaine de fois, placez devant lui votre main sans friandise. S'il vient la toucher, dites "oui" et récompensez-le avec une friandise que vous lui donnez avec l'autre main. Là encore, attendez d'avoir fait l'exercice une dizaine de fois pour considérer qu'il est acquis.

○ Lorsque vous constatez que votre chien vient systématiquement taper votre main avec sa truffe lorsque vous la placez devant lui, c'est bon !

<u>2ÈME ÉTAPE : LE "TOUCHE"</u>

À partir de là, vous pouvez lui faire faire l'exercice 5 minutes par jour pendant une semaine en augmentant la distance entre votre main et sa truffe et donc le chemin à parcourir pour vous rejoindre. Lorsque vous placez votre main, dites "touche". A la fin de la semaine, on peut supprimer les friandises et passer en mode "jeu".

UTILISATION DU "TOUCHE"

Maintenant, votre chien a compris le principe, à vous de lui trouver des défis ludiques qui vous amusent tous les deux et développent à la fois sa compréhension et son agilité. N'hésitez pas à mettre des obstacles (pas trop difficiles!) sur son chemin pour lui faire travailler un peu son agilité. Lorsqu'il parvient à dépasser une limite pour toucher votre main, il faut le féliciter avec force caresses et mots doux pour l'encourager.

APPRENDRE LE « ROULE »

Allez hop, un peu de gym et un nouveau tour à apprendre ! Voilà un tour deux en un qui devrait vous donner l'occasion de bien vous amuser votre chien et vous : le "roule". Alors bien sûr, il ne fait pas partie des tours essentiels à l'éducation de base du chien, mais en même temps, ce qui est avant tout essentiel pour le chien, c'est d'apprendre et de passer du temps avec vous ! Voici comment vous y prendre pour l'enseigner.

LES TECHNIQUES

Comme bien souvent, il y a plusieurs possibilités pour enseigner un nouveau tour à votre chien. Le plus important est de lui faire comprendre ce que vous attendez de lui de manière cohérente et positive, pour qu'il comprenne bien ce que vous attendez de lui. N'oubliez pas, quand on commence avec une méthode, on ne change pas en route !

Pour ce tour, il faut que votre chien maîtrise déjà le "couché", puisque c'est par là que vous allez commencer, quelle que soit la méthode que vous choisissez d'appliquer avec lui.

ENSEIGNER LE "ROULE" AVEC UNE FRIANDISES

- ◯ Pour commencer, demandez à votre chien de se coucher.
- ◯ Lorsqu'il est couché face à vous, captez son attention avec une friandise et faites-la tourner autour de sa tête en passant d'une oreille à l'autre. Pour suivre la croquette, il va être obligé de tourner sur lui-même.
- ◯ Lorsqu'il a fini sa première roulade, récompensez-le pour lui faire comprendre que c'est ce que vous attendiez.
- ◯ Recommencez une dizaine de fois puis introduisez le mot "roule" au moment de commencer l'action. A chaque réussite, n'oubliez pas de le récompenser.

- Une fois cette étape bien comprise, attirez son attention avec votre main, comme avant, mais sans friandise. Vous faites toujours le même geste autour de sa tête pour le guider, en disant "roule". Lorsqu'il réussit, récompensez-le en lui donnant la friandise contenue dans votre autre main.
- Enfin, lorsqu'il a bien compris le tour, vous pouvez supprimer la friandise et votre geste peut devenir plus fluide.
- Pour terminer, essayez de prononcer "roule" sans faire le geste. Et voilà, votre chien est capable de rouler sur lui-même !

ENSEIGNER LE "ROULE" EN QUELQUES GESTES FACILES

Selon la taille du chien, et sa capacité de compréhension, certaines méthodes sont ou moins efficaces. À vous de trouver celle qui lui correspond le mieux !

AVEC LE BRAS SUR LE COU :

Dans cette méthode, une fois le chien couché et son attention captée vous posez votre avant-bras sur son échine et de l'autre main, vous attrapez la patte avant qui est du côté de votre coude et vous la ramenez doucement vers l'autre côté pour faire pivoter le chien sur lui-même. Récompensez-le en le félicitant et en lui donnant une friandise.

L'impulsion vient complètement de vous. Au fur et à mesure, le chien va commencer à accompagner le geste avec vous. Tout en laissant votre bras sur son cou, diminuez progressivement la rotation avec de la patte avant et ajoutez le mot "roule" pour qu'il comprenne l'ordre.

Ce n'est que lorsqu'il a compris l'ordre et commencer à rouler de lui-même que vous pouvez le retirer votre bras pour guider la roulade.

EN PASSANT PAR LE BAS DU DOS

Une fois le chien couché, faites glissez une croquette de son oreille droite vers sa patte arrière gauche, ou l'inverse, pour l'obliger à se renverser sur le dos et à se retourner. Dites "roule" à chaque fois.

Recommencez jusqu'à ce qu'il ait compris et retirez peu à peu la friandise. A la fin, le chien doit pouvoir comprendre le geste de votre doigt tournant au-dessus de sa tête.

APPRENDRE À RAMPER

Vous êtes à la recherche d'un tour amusant ? Celui-ci va faire travailler la souplesse de votre chien ! Car oui, pour ramper, il faut être un peu souple ! Mais comment faire pour qu'il comprenne ce que vous attendez de lui ? Ce n'est pas très compliqué, on va voir ça par étape !

PRÉPARATION

Comme souvent pour les tours, il y a des prérequis. Pour que votre chien puisse ramper, il faut qu'il sache déjà se coucher sur commande. Se coucher fait partie des bases, donc très rapidement, votre chien devrait maîtriser cette position !

Pour aider votre chien à comprendre ce que vous attendez de lui, montrez-lui que vous avez prévu un petit sac de friandises spécialement conçues pour eux. C'est un point de départ qui lui permet de se concentrer sur vos mouvements et vos paroles.

Enfin, c'est un tour qui est plus facile pour les chiens de petite taille, mais les chiens plus grands peuvent aussi le réussir ! Si c'est possible, enseignez-le à votre chien quand il est encore jeune, sa petite taille l'aidera à réaliser le tour facilement et ensuite, vous n'aurez plus qu'à le pratiquer régulièrement pour qu'il ne l'oublie pas une fois sa taille adulte atteinte !

LES ÉTAPES POUR APPRENDRE À RAMPER

Pour enseigner à ramper à votre chien, on peut compter 4 étapes principales :

ATTEINDRE LA FRIANDISE À PLAT-VENTRE

- ○ Installez-vous face à votre chien, à quelques centimètres de distance, et demandez-lui de se coucher.

○ Montrez-lui votre friandise et placez-la devant lui. Lorsqu'il essaie de l'attrapez, gardez la friandise et reculez très doucement votre main de quelques centimètres.

○ Lorsqu'il s'est déplacé sans se relever jusqu'à votre main, donnez-lui la friandise et recommencez plusieurs fois pour qu'il comprenne ce que vous lui demandez.

○ S'il se relève, c'est peut-être parce que vous allez trop vite avec votre main. Ralentissez.

○ Dès le début, donnez la friandise quand le chien est au plus bas, pour lui permettre de bien comprendre la position dans laquelle il doit rester.

LE GESTE DE LA MAIN

Placez l'une de vos mains ouverte devant lui, sans friandise et éloignez-la doucement au fur et à mesure qu'il la suit en rampant. Lorsqu'il a parcouru une distance de quelques centimètres en rampant, avec l'autre main, vous pouvez lui donner la récompense et le féliciter.

Votre geste doit rester assez lent, dès que vous irez trop vite, il se relèvera pour vous suivre.

RAMPER SUR UNE PLUS GRANDE DISTANCE

Placez-vous debout à côté de votre chien couché et avancez très doucement, à son rythme. Il doit avancer à vos côtés en rampant. Parcourez ainsi un mètre ou deux et récompensez-le.

Recommencez cette étape plusieurs fois.

UTILISER LE MOT "RAMPE"

Enfin, lorsqu'il commence à se déplacer, prononcez "rampe", pour qu'il associe le mot à l'action. Cette étape aussi demande à être répétée un certain nombre de fois. À chaque fois qu'il comprend et obéit, félicitez-le avec des paroles encourageantes et des caresses.

QUELQUES CONSEILS POUR FAIRE RAMPER VOTRE CHIEN

Avant de commencer l'exercice, vérifiez que le sol n'est pas glissant. Un carrelage ou un sol en marbre risque de poser problème, il vaut mieux poser un tapis pour permettre au chien d'avancer correctement.

N'oubliez pas d'encourager régulièrement votre chien lorsqu'il fait bien l'exercice, mais ne le punissez pas lorsqu'il n'y arrive pas. Il faut de la patience de part et d'autre et comprendre ce que vous attendez n'est pas immédiat !

APPRENDRE À RECULER

Il est tout à fait possible d'apprendre à son chien à reculer. Ce petit tour peut être très pratique pour éviter qu'un chien ne devienne envahissant, ou tout simplement dans le cadre d'un sport canin. Vous voulez savoir comment apprendre le recul ? Je vais vous donner toutes mes astuces !

POURQUOI FAUT-IL APPRENDRE À SON CHIEN À RECULER ?

Au même titre que « assis », « couché » ou encore « donne la patte », l'ordre de recul pour le chien est un tour amusant et assez sympa à enseigner. La bonne nouvelle ? C'est une technique que le chien apprend assez vite !

Il y a différents intérêts à éduquer son chien à reculer :

- ◯ Cela aide à ce que le chien n'empiète pas trop sur votre territoire.
- ◯ Cela peut être utile si le chien est embêtant ou insistant, notamment lors de l'arrivée d'invités.
- ◯ C'est un geste très basique et souvent utilisé en obéissance rythmée.

POUR L'ÉDUCATION CANINE, PENSEZ AU CLICKER !

La méthode que je vais vous présenter est fondée sur le renforcement positif et l'utilisation du clicker.

Pour l'utiliser, il vous faudra :

- ◯ **Des friandises pour chien** : la friandise est une récompense qui montre à votre chien qu'il fait une bonne action, et l'incite à apprendre plus rapidement.

○ **Un clicker** : le clicker est un petit appareil qui émet un grand « click ». Il aide au chien à comprendre quand il effectuer une bonne action.

Vous trouverez un clicker dans la majorité des animaleries, ou sur les sites spécialisés.

À savoir : l'utilisation d'un clicker vous permet d'apprendre de nombreux tours à votre toutou !

LA MÉTHODE POUR APPRENDRE LE RECUL

Si vous souhaitez éduquer votre chien à reculer, il n'y a rien de plus simple ! Il va falloir vous armer de patience, et suivre une méthode bien précise.

Voici comment pratiquer :

1. AMÉNAGEZ L'ESPACE

Pour commencer, il faut aménager une sorte de « couloir » derrière le chien, pour le pousser à reculer droit.

Vous pouvez utiliser pour cela des cartons, ou tout simplement une chaise. Votre chien doit être positionné juste devant deux chaises ou deux obstacles, entre lesquels il peut passer sans problème.

L'écart entre les deux obstacles doit tout de même rester assez étroit, pour ne pas que le chien puisse faire une trajectoire en biais lorsqu'il recule.

2. DÉBUTER L'EXERCICE

○ Pour commencer le travail, vous devez faire en sorte que le chien se situe entre les deux obstacles. Utilisez une récompense pour l'amadouer et le placer là où vous souhaitez le voir.

○ Une fois qu'il se tient entre les obstacles, restez debout face à lui, et attendez qu'il recule. S'il ne recule pas, avancez un peu pour le pousser à reculer.

○ Une fois que le chien recule, faites un click et récompensez-le, puis revenez à votre position initiale. Félicitez et caressez le chien dès qu'il fait signe de reculer.

3. APPRENEZ L'ORDRE « RECULE »

Une fois que le chien commence à comprendre l'exercice, associez l'utilisation du clicker à un ordre (par exemple, dites « Recule ! »).

Continuez de récompenser le chien jusqu'à ce qu'il commence à assimiler l'ordre, et se mette à reculer spontanément quand vous lui demandez.

Comme tous les exercices, il faut travailler de manière régulière, sans passer des heures sur le même exercice. Si votre chien ne s'amuse pas et sent que vous le forcez, il ne va pas apprendre correctement !

4. INTENSIFIEZ L'EXERCICE

Une fois que le chien maîtrise l'ordre « Recule », continuez de travailler, cette fois-ci sans les obstacles. Le but est que votre chien continue de reculer en ligne droite, même s'il n'y a rien derrière lui.

Répétez souvent l'exercice, jusqu'à ce que le chien le comprenne parfaitement.

À terme, plus besoin d'utiliser le clicker, ni de friandises. En revanche, pensez toujours à féliciter votre chien et à le caresser, en signe de votre contentement.

APPRENDRE À ÉTEINDRE LA LUMIÈRE

Apprendre est le meilleur moyen de rester jeune ! Demandez à votre chien, il vous dira sûrement qu'il voudrait apprendre et comprendre de nouveaux tours tous les jours. Une fois que vous lui avez appris tous les tours de base, comme le assis, pas bouger, au panier, au pied, etc. vous risquez de manquer un peu d'inspiration… Heureusement, Mouss Le Chien a toujours de bonnes idées : enseignez-lui à éteindre les lumières !

LES PRÉREQUIS

Ce tour ne s'adresse pas à un chien débutant ! En effet, il demande une certaine précision et l'habitude d'apprendre. Pour obtenir de bons résultats, sachez qu'il est recommandé de ne jamais arrêter d'enseigner de nouveaux tours à votre chien. De cette manière, vous stimulez son intelligence et vous l'aidez à mieux comprendre son environnement.

Une activité intellectuelle, comme le sport, est un moyen de rester au top de ses capacités.

MÉTHODE POUR APPRENDRE À ÉTEINDRE LES LUMIÈRES

On obtient de bien meilleurs résultats en se montrant encourageant et positif. Pour enseigner ce tour, choisissez la méthode positive : des récompenses pour le comportement adapté, l'ignorance du comportement non souhaité et jamais de punition.

Le clicker vous aidera beaucoup pour obtenir rapidement un résultat précis et durable. En émettant un clic à chaque fois que votre chien prend une initiative qui était celle que vous attendiez, vous le poussez à prendre des décisions tout en restant attentif à votre réaction. C'est une attitude constructive et très motivante pour lui. On obtient des résultats surprenants avec cette technique.

LES ÉTAPES POUR APPRENDRE À ÉTEINDRE LES LUMIÈRES

Pour enseigner ce tour à votre chien, comptez environ une heure, avec au moins deux pauses. Si vous voyez qu'il a besoin de plus de temps, vous pouvez vous y reprendre à plusieurs fois, inutile d'insister trop, au risque de le démotiver.

SE CONCENTRER VERS LE MUR OÙ SE TROUVE L'INTERRUPTEUR
Placez-vous debout à côté de votre chien, proche du mur sur lequel se trouve l'interrupteur. À ce moment, votre chien ne sait pas du tout vers quoi vous voulez qu'il porte son attention. Il ne doit pas vous regarder. Vous devez l'encourager à porter son regard ailleurs. Laissez passer un peu de temps. Lorsque par hasard son regard va se diriger vers le mur, utilisez le clicker et récompensez-le. Au bout de plusieurs fois, il va comprendre que c'est vers le mur qu'il se passe quelque chose.

MONTRER L'INTERRUPTEUR
Lorsque la première étape est assurée, vous pouvez avancer. Attendez que son regard se dirige plus précisément vers l'interrupteur pour cliquer et le récompenser. À partir de ce moment, vous le récompensez uniquement lorsqu'il regarde l'interrupteur.

Assez rapidement, il va comprendre que c'est l'interrupteur qui est l'objectif.

TOUCHER L'INTERRUPTEUR

Comme pour l'étape précédente, lorsque l'interrupteur est bien identifié, arrêtez de le récompenser quand il le regarde, attendez qu'il le touche. Il va le toucher avec le museau et avec la patte. Dans un premier temps, vous cliquez et le récompensez dans les deux cas. C'est seulement une fois qu'il a bien compris qu'un contact était nécessaire que vous pouvez commencer à le récompenser seulement lorsqu'il le touche avec la patte.

ASSOCIER LE MOT "LUMIÈRE"

Enfin, vous pouvez cliquer et le récompenser lorsqu'il parvient à allumer ou à éteindre la lumière. S'il touche l'interrupteur sans résultat, ignorez son geste.

Une fois qu'il a fait le lien entre la récompense et le changement de la lampe, vous pouvez associer le mot "lumière" à son geste.

Chacune de ces étapes peut prendre plus ou moins de temps selon les chiens. Ne perdez pas patience et faites des pauses si vous voyez qu'il fatigue !

APPRENDRE À RECONNAÎTRE LES OBJETS

Vous seriez surpris de savoir la quantité d'informations qu'un chien peut apprendre ! Saviez-vous que l'éducation du chien peut lui permettre de reconnaître le nom de différents objets ? Vous avez toujours rêvé que votre chien vous ramène vos pantoufles, ou encore le journal ? Eh bien, sachez que c'est possible ! Laissez-moi vous expliquer...

UN CHIEN PEUT-IL RECONNAÎTRE LES NOMS D'OBJETS ?

Il est rare que des maîtres prennent le temps d'apprendre différents noms d'objets à leurs chiens. Pourtant, un toutou est tout à fait capable de reconnaître les noms de plusieurs objets.

Pour exemple, il y a des chances pour que votre chien sache parfaitement ce qu'est sa baballe. Eh bien, en pratiquant quelques techniques d'éducation pour chien, vous pourrez faire en sorte qu'il reconnaisse d'autres noms d'objets, voire vous les ramène...

Notez qu'il y a de nombreux intérêts à apprendre à votre chien les noms d'objets :

- ○ Vous pouvez faire en sorte que votre chien vous ramène vos objets fétiches
- ○ Vous stimulez l'intellect de votre chien
- ○ Vous améliorez son obéissance
- ○ Vous renforcez la relation chien/maître

COMMENT APPRENDRE À RECONNAÎTRE LES OBJETS ?

Comme pour toutes les méthodes d'éducation canine, il va falloir vous armer de patience pour apprendre à votre chien, différents noms d'objets.

Voici une méthode idéale pour aider votre toutou à mémoriser plusieurs noms d'objets :

1. INITIEZ VOTRE CHIEN À PLUSIEURS OBJETS

Pour commencer, il faudra prendre du temps pour que votre chien découvre différents objets. L'idéal est de commencer à travailler sur un seul objet (une balle, un doudou, un journal, etc.), de manière à faciliter l'opération.

Essayez de faire en sorte que votre chien s'approprie parfaitement l'objet, par exemple en utilisant l'ordre "touche". Il vous faut alors dire "touche la balle !" au moment de présenter une balle (ou un autre objet) à votre chien, pour qu'il la touche du museau. Pour cette étape, vous garderez toujours l'objet en main.

Prenez quelques minutes par jour pour que votre chien s'intéresse à l'objet, en prenant soin de répéter plusieurs fois le nom de l'objet.

Après un certain temps, remplacez l'ordre "touche l'objet !" par le simple nom de l'objet. Quand votre chien touche le bon objet, félicitez-le à l'aide de friandises et de caresses.

Faites en sorte que votre chien apprenne ainsi le nom de deux à trois objets.

2. INCITEZ VOTRE CHIEN À ALLER CHERCHER L'OBJET

Une fois que votre toutou connait le nom d'un ou plusieurs objets, il va falloir complexifier l'opération.

Cette fois-ci, vous n'allez plus garder l'objet en main, mais le laissez à proximité de vous (par terre ou encore sur une table basse).

Il faudra alors dire le nom de l'objet et vérifier la réaction de votre chien. S'il va toucher l'objet approprié ou le prend en bouche, félicitez-le.

Répétez cette opération une à deux fois par jour, et en utilisant les différents objets que votre chien connaît. Vous pouvez répéter l'exercice jusqu'à ce que votre chien touche systématiquement l'objet approprié.

3. MÊLEZ LES OBJETS QUE VOTRE CHIEN CONNAÎT

Une fois que votre chien maîtrise bien l'exercice précédent, c'est le moment de passer à l'étape suivante. Cette fois-ci, vous allez mélanger les objets que votre chien connaît, pour être certain qu'il arrive à les différencier.

Pour cela, vous poserez deux des objets qu'il connait au sol (sans trop les coller), en lui rappelant le nom de chaque objet. L'exercice est de faire en sorte que votre chien touche le bon objet quand vous dites son nom.

Alternez alors les noms d'objets qu'il connait, et félicitez-le quand il touche le bon objet. Au départ, pour faciliter les choses, vous pouvez indiquer le bon objet à l'aide du doigt, voire le garder en main.

4. COMPLEXIFIEZ L'OPÉRATION

Votre chien arrive bien à reconnaître et différencier plusieurs objets ? Dans ce cas, libre à vous de retenter l'exercice précédent avec trois objets ou plus.

Avec le temps, vous pouvez essayer d'éloigner les objets pour voir si votre chien va les chercher. Vous pouvez également associer le nom des objets avec l'ordre "rapporte" pour apprendre à votre chien à ramener les différents objets.

Naturellement, gardez en tête que cet exercice nécessite de la patience et du temps. Il est inutile d'ennuyer votre chien pendant des heures avec ce type d'exercices. Mieux vaut effectuer chaque jour quelques minutes d'exercice, pour aider votre chien à mieux mémoriser et à surtout à s'amuser.

APPRENDRE À RANGER SES JOUETS

Il pleut ? Votre chien tourne en rond et vous cherchez un nouveau tour à lui apprendre ? Profitez-en pour allier l'utile à l'agréable ! Après avoir bien joué avec lui, vous en avez peut-être marre de ranger ses jouets ou de marcher dessus ! Et si c'était lui désormais qui rangeait ses jouets ? Voici quelques conseils pour apprendre à votre chien à ranger ses jouets !

LES PRÉREQUIS

Ce tour doit logiquement venir après d'autres plus simples. En effet, pour ranger ses jouets, le chien doit faire appel à des connaissances déjà sophistiquées, comme distinguer ses jouets des autres objets présents dans la pièce, les prendre dans sa gueule (mais pas pour jouer, cette fois), et les rapporter dans un récipient prévu à cet effet.

Si je résume, pour apprendre à ranger ses jouets, le chien doit savoir reconnaître des objets précis et répondre à "prends", "rapporte" et "pose".

LES ÉTAPES POUR APPRENDRE À RANGER SES JOUETS

Simple en apparence, ce tour demande de vous armer de patience, car plusieurs étapes peuvent troubler votre chien et prendre plus de temps que vous ne pensiez.

ÉTAPE 1 : DISTINGUER SES JOUETS DES AUTRES OBJETS

Dans un premier temps, il faut que le chien ait à sa disposition un espace pour jouer et une caisse de rangement à côté. Vous pouvez, dans un premier temps, lui apprendre des mots tels que "jouet", "balle", "corde", etc. Évitez les mots de plus de trois syllabes pour désigner ses jouets. Pour commencer, répétez le mot quand il saisit l'objet et attirez son attention dessus régulièrement en prononçant le mot. Ensuite, prononcez le mot et observez sa réaction. Il doit se diriger vers l'objet en question.

ÉTAPE 2 : MAÎTRISE DU MOT "PRENDS".

Pour cela, attendez qu'il prenne un objet et dites "prends la balle", "prends le jouet", en l'associant à des paroles encourageantes et des caresses. Ensuite, demandez-lui de prendre un objet qu'il connaît bien. S'il le prend, récompensez-le avec des caresses et des paroles encourageantes.

ÉTAPE 3 : "RAPPORTE" "DONNE", "RANGE"

Mettez votre main au-dessus de la caisse de rangement et demandez-lui de "donner" ou "rapporter" les jouets éparpillés autour. Si vous voyez qu'il a compris, retirez progressivement votre main et présentez-lui la caisse.

C'est lorsque cette étape est bien comprise que vous pouvez enseigner le "range tes jouets", en lui présentant la caisse de rangement et toujours en le récompensant lorsqu'il réagit correctement.

CONSEILS SUPPLÉMENTAIRES

Pendant les étapes 1 et 2, il vaut mieux récompenser le chien avec des caresses et des paroles encourageantes pour ne pas lui faire lâcher l'objet qu'il a dans la gueule. À partir de l'étape 3, vous pouvez lui donner des friandises lorsqu'il a correctement posé les jouets et qu'il a la mâchoire libre.

Dans l'étape 3, le chien doit donner son jouet à la main tendue. Certains chiens peuvent être stressés par cette action, par peur que la main ne leur vole leur jouet. Il est important de le rassurer et de passer plus de temps sur cette étape.

Enfin, chaque fois qu'une nouvelle étape n'est pas comprise, il faut revenir à l'étape précédente et la consolider pour créer un lien logique qui permettra à votre chien de surmonter l'étape qui le bloque.

APPRENDRE À OUVRIR ET FERMER LES PORTES

Il est tout à fait possible d'apprendre à son chien à fermer et ouvrir les portes. Si tous les maîtres ne sont pas forcément attirés par ce tour de chien, il peut être très amusant à apprendre. Je vais vous expliquer comment apprendre à ouvrir les portes à votre chien !

ATTENTION

J'ai pensé qu'il pouvait être intelligent de vous mettre en garde contre cette technique. S'il peut être très pratique d'apprendre à votre chien à ouvrir des portes, n'oubliez pas que c'est à double tranchant.

Pour exemple, si vous entreposez les croquettes de votre chien dans une armoire à sa portée, vous allez lui apprendre à ouvrir cette armoire ! C'est lui donner toutes les armes en mains pour dévorer ses stocks de croquettes en votre absence.

Réfléchissez donc bien à savoir si le fait que votre chien puisse ouvrir des portes ne vous dérange pas, avant de lui apprendre comment faire !

APPRENDRE À SON CHIEN À OUVRIR UNE PORTE

Voici la méthode à connaître pour lui apprendre à ouvrir une porte. Il vous faudra pour cela un torchon (que vous êtes prêts à sacrifier !), un clicker et des friandises pour chiens.

Suivez bien les étapes suivantes, une à une :

1. JOUER AVEC LE TORCHON

Le torchon sera la pièce centrale de cette technique. Pour commencer, il faudra faire en sorte que votre chien s'amuse avec le torchon. Incitez-le à jouer avec le torchon comme s'il s'agissait d'un doudou, et faites-lui comprendre que ce morceau de tissu est riche d'intérêt !

2. ATTACHER LE TORCHON À UNE POIGNÉE

À présent que votre chien s'amuse avec le torchon, vous allez attacher ce dernier à la poignée d'une armoire (ou à la poignée d'un tiroir). Faites en sorte de l'accrocher sur une poignée dont le niveau est à la hauteur de votre chien, pour qu'il y ait facilement accès.

Votre chien doit continuer d'accorder de l'intérêt au torchon. Pensez donc à le féliciter grâce à la méthode clicker et aux friandises dès qu'il s'approche du torchon.

Votre but est d'inciter votre chien à prendre le torchon dans sa gueule. Félicitez-le donc uniquement lorsqu'il mord le torchon, même si ce n'est que pendant une seconde.

Si vous n'avez pas de clicker, vous pouvez également utiliser un sifflet qui marche tout aussi bien pour féliciter votre chien.

3. APPRENDRE À OUVRIR DES PORTES À UN CHIEN

À présent, vous allez rendre l'exercice plus difficile en ne récompensant votre chien que lorsque la porte de l'armoire ou le tiroir bouge. Cette technique va faire progressivement comprendre à votre animal qu'il doit tirer sur le torchon.

Accordez cet exercice avec un ordre, comme "ouvre la porte !", et continuez de féliciter votre chien dès qu'il parvient à faire bouger la porte.

Soyez de plus en plus "radin" au moment de féliciter votre chien. À terme, il faut le féliciter uniquement quand il parvient à ouvrir la porte ou le tiroir.

4. CORSER LE TOUT

Une fois que votre chien maîtrise bien l'exercice, vous pouvez essayer de lui faire ouvrir d'autres portes. Pour corser l'exercice, vous pouvez lui faire ouvrir des portes plus hautes ou différentes.

Il faut bien comprendre que votre chien n'arrivera pas forcément à ouvrir une porte à poignée. Exercez donc avant tout cet exercice sur des portes qu'il peut déplacer avec ses pattes.

APPRENDRE À SON CHIEN À FERMER UNE PORTE

Il est plus pratique encore d'apprendre à son chien à fermer des portes ! En effet, cela permettra à votre chien de passer derrière vous si vous oubliez de fermer les portes.

La technique est légèrement différente pour l'apprentissage de la fermeture des portes :

1. ENTRAINEZ-VOUS SUR UN TIROIR

Ici, plus besoin de torchon ! Il vous suffit d'ouvrir un tiroir. Pour commencer, prenez un tiroir à hauteur de votre chien. Idéalement, vous pouvez travailler avec le tiroir qu'il a appris à ouvrir.

Cette fois-ci, vous allez récompenser votre chien dès qu'il touche le tiroir avec sa patte, à l'aide du clicker et des friandises. Récompensez-le dès que le tiroir bouge, et félicitez-le plus encore lorsqu'il parvient à ferme le tiroir. N'hésitez pas à utiliser l'ordre "Ferme la porte" pour qu'il l'associe à ce geste.

Une fois l'exercice maîtrisé, faites la même technique sur un tiroir plus haut, pour forcer votre chien à se mettre sur ses pattes arrière.

2. APPRENEZ À UN CHIEN À FERMER LA PORTE

Une fois l'exercice du tiroir maîtrisé, vous allez pouvoir passer sur les portes. En utilisant l'ordre que vous avez inventé, faites en sorte d'entraîner votre chien à fermer la porte.

Comme précédemment, félicitez-le au début dès qu'il touche la porte, puis réservez vos récompenses uniquement quand la porte est fermée.

Voilà ! Votre toutou sait à présent ouvrir et fermer les portes !

APPRENDRE À FAIRE LE MORT

Apprendre à son chien à faire des tours est un bon moyen de travailler son éducation et de renforcer vos liens. Un ordre qui amuse de nombreux maîtres est le classique "fais le mort", très courant quand il s'agit d'éduquer son chien. Si vous avez toujours rêvé d'apprendre ce tour à votre animal, je vais vous expliquer comment apprendre à un chien à faire le mort. C'est le moment de prendre des notes !

QUE FAIRE AVANT D'ÉDUQUER SON CHIEN À FAIRE LE MORT ?

Avant d'apprendre des tours à votre animal, il est essentiel de lui apprendre les ordres indispensables à son éducation. En effet, cela devra passer en priorité par les ordres les plus élémentaires : Assis, Debout et Couché.

Un chien qui fait le mort est également un chien qui a appris l'ordre Pas bouger. Commencez donc par travailler les bases du avant de vous essayer à la méthode que je vous présente ici.

COMMENT APPRENDRE À SON CHIEN À FAIRE LE MORT ?

Une fois que votre chien a appris les bases de l'éducation du chiot, il est temps de lui apprendre à faire le mort ! En théorie, on peut apprendre ce tour à un chien qui a un peu moins d'un an. Il est également possible de l'éduquer à un chien adulte, si ce dernier est déjà bien éduqué.

Voici les différentes étapes à suivre pour éduquer son chien à faire le mort :

1) FAIRE COUCHER LE CHIEN SUR LE FLANC

Pour commencer, il va falloir apprendre à votre chien à se coucher sur le flanc.

Un chien qui fait le mort est en effet un chien parfaitement couché sur le côté. Pour cela, vous allez faire se coucher votre animal, puis le pousser à se mettre sur le flanc à l'aide d'une friandise. Vous allez vous accroupir près du chien et tendre la friandise vers sa gueule, puis le pousser à venir la chercher jusqu'au sol.

Ne donnez la friandise qu'une fois que la tête de votre toutou est posée contre le sol, et qu'il est couché sur le flanc.

2) LAISSER VOTRE CHIEN SUR LE FLANC

Une fois que vous arrivez à mettre votre chien sur le flanc, utilisez l'ordre "Pas bouger !" pour qu'il reste dans cette position. Il faut naturellement que votre chien maîtrise parfaitement cet ordre.

Quand il est immobile, levez-vous lentement et essayez de le faire tenir quelques secondes dans cette position, puis félicitez-le. Au départ, votre chien risque de bouger dès que vous vous lèverez.

Votre premier objectif est de réussir à récompenser votre chien, non pas quand il est sur le flanc, mais quand il se relève. Avec de l'entraînement, vous parviendrez à ce que votre chien reste immobile sur le flanc plusieurs secondes, avant que vous ne le récompensiez.

3) APPRENDRE L'ORDRE "FAIS LE MORT"

Une fois que votre chien maîtrise bien cet exercice, vous allez enfin lui apprendre l'ordre qui lui est associé.

Certains diront "Fais le mort", d'autres "Pan !" ou encore "Bang !". À vous de voir ! L'idéal est d'associer un geste à cet ordre. Le grand classique est de pointer un pistolet imaginaire sur votre chien.

Le but est d'associer cet ordre à la récompense dans l'esprit de votre chien. Vous allez donc continuer à lui faire faire l'exercice, tout en diminuant les friandises que vous lui donnez. Pensez cependant toujours à le féliciter à l'aide de caresses et d'encouragements.

4) APPROFONDISSEZ L'EXERCICE

Continuez à entraîner votre chien à faire le mort. Il sera indispensable que votre chien comprenne parfaitement l'ordre et le geste.

À terme, vous devez ne plus avoir besoin d'être accroupi pour que votre chien se couche sur le flanc. L'ordre doit ainsi fonctionner quand vous êtes debout. De même, il va falloir pousser votre chien à effectuer l'exercice quand il est assis, et non pas seulement quand il est allongé.

Faites également en sorte d'exécuter cet exercice dans différents lieux, pour ne pas que le chien se contente de l'effectuer là où il l'a appris. .

5) FINALISEZ L'APPRENTISSAGE

Le tour "faire le mort" consiste pour le chien à s'allonger sur le flanc, puis à poser la tête sur le sol et à rester immobile. Durant les premières semaines, votre chien aura tendance à gigoter une fois à terre, ou à ne pas poser la tête sur le sol. De même, il faudra souvent répéter plusieurs fois l'ordre pour qu'il l'exécute entièrement.

Veillez donc à le féliciter uniquement quand sa tête est à terre. Pour le pousser à effectuer tout le geste en une seule fois, récompensez-le davantage (par exemple avec une plus grande friandise et plus de caresses et de cris d'encouragements) lorsqu'il entame une exécution parfaite.

Cela lui permettra de comprendre ce qu'il doit faire de manière précise.

APPRENDRE À FAIRE LE BEAU

Y a-t-il tour plus amusant à apprendre que de faire le beau ? Un chien qui fait le beau n'aura aucun mal à amuser vos invités et vos proches. Pratiquer cet exercice est d'ailleurs très amusant, et vous permettra de renforcer votre relation avec votre chien.

ÉDUCATION ET JEUX : LA MÊME CHOSE ?

Éduquer son chien, c'est avant tout s'amuser avec lui ! Et pour cause, les chiens n'apprennent jamais autant que lorsqu'ils s'amusent. Si vous arrivez à mêler l'éducation avec le jeu, vous avez tout bon !

Voilà pourquoi on peut apprendre à son chien à faire le beau via des jeux !

COMMENT APPRENDRE À SON CHIEN À FAIRE LE BEAU ?

Aujourd'hui, je vais vous expliquer comment jouer avec votre chien pour qu'il fasse le beau. Apprendre à votre chien n'est pas difficile... pour peu que vous ayez une bonne méthode et BEAUCOUP de patience !

Voici les étapes à suivre pour que votre chien fasse le beau :

1. FORCER VOTRE CHIEN À SE REDRESSER

L'apprentissage du "fais le beau" ne se fait que lorsque le chien est assis. Pour commencer, vous allez donc devoir apprendre le geste "Assis !" à votre chien.

Pour faire cet exercice, vous devez être au niveau de votre toutou. Vous pouvez donc vous accroupir à côté de lui.

Comme toujours dans l'éducation du chien, vous allez utiliser une friandise pour chien pour apprendre ce tour. Pointez la friandise juste au-dessus de la tête de votre chien quand il est assis, de manière à le forcer à se lever sur ses deux pattes.

2. APPRENDRE L'ORDRE FAIS LE BEAU

Une fois votre chien "debout" (il doit rester sur son arrière-train, mais lever les pattes avant pour essayer d'attraper la friandise), lancez l'ordre de votre choix (le plus souvent, on utilise "fais le beau" ou "fais la belle"), puis donnez-lui sa récompense.

Pensez bien à le féliciter, de manière à ce qu'il associe son attitude avec une récompense.

Si votre chien n'arrive pas à tenir en équilibre au départ, n'hésitez pas à utiliser votre seconde main pour le soutenir. Le but est avant tout qu'il reste assis sur ses pattes arrière. Au départ, il se peut que votre chien ait un peu de mal avec cette position inhabituelle. Vous l'aiderez donc à rester en équilibre, puis retirerez votre main et le féliciterez uniquement lorsqu'il tient en équilibre seul (même si cela ne dure que quelques secondes).

3. RÉITÉREZ L'EXERCICE

Pour apprendre son chien à faire le beau, vous allez devoir répéter cet exercice tous les jours. Plus vous le pratiquez, et plus votre chien doit être capable de rester en équilibre. Bien sûr, ce n'est pas une raison pour forcer votre animal à faire cet exercice trois heures par jour.

Au départ, tenez systématiquement une friandise en hauteur pour l'inciter. Puis, tentez d'utiliser l'ordre "Fais le beau" sans friandise en main, puis enfin sans même que votre chien ne soit assis.

Friandise ou pas, pensez systématiquement à caresser et féliciter votre chien dès qu'il fait le beau. Réitérez l'exercice trois à cinq fois par jour. Après quelques semaines d'exercice, il devrait être capable de réussir ce tour sans même que vous n'ayez besoin d'une friandise.

APPRENDRE À FAIRE LE GRAND BEAU À SON CHIEN

Vous n'en avez pas encore assez ? Si vous souhaitez découvrir un nouveau tour pour chien, pourquoi ne pas lui apprendre le « grand beau » ou la « grande belle ».

Qu'est-ce que c'est ? Tout simplement un « fais le beau » amélioré, lors duquel votre chien va rester debout sur ses pattes arrière.

Pour cet exercice, il faudra en premier lieu que votre chien maîtrise parfaitement le « fais le beau ».

L'entraînement est simple :

- ◯ Dîtes "Fais le beau" à votre chien.
- ◯ Tenez une friandise au-dessus de sa gueule, alors qu'il fait le beau.
- ◯ Forcez votre chien à passer de la position assise avec les pattes levées à la position debout sur ses pattes arrière pour attraper la friandise.
- ◯ Donnez l'ordre que vous souhaitez au moment où il l'attrape, et récompensez-le.

Une fois encore, il va falloir effectuer cet exercice plusieurs fois pour que votre chien le maîtrise complètement.

JOUER AVEC SON CHIEN

LES JEUX ET L'ÉDUCATION

Qui dit jouer ne dit pas forcément perdre son temps... surtout pour les chiens ! En effet, saviez-vous que l'éducation du chien passe en partie par sa capacité à jouer. Les jeux pour les chiots participent activement à les éduquer et à les faire grandir. Laissez-moi donc tout vous expliquer !

LES BIENFAITS DES JEUX

Les chiens adorent jouer des heures avec leur maître, il est important de leur accorder du temps et de l'énergie. Eh oui, jouer avec son chien est un vrai bienfait pour l'animal, et le négliger risque donc de rentre votre toutou malheureux.

Voici les raisons qui font que les jeux de chien sont idéaux pour votre toutou :

- ○ **Le lien chien/maître** : pour commencer, jouer avec un chien va permettre de créer une réelle complicité avec le maître. En fixant les règles des jeux pour chiot et chiens, vous apprenez à votre animal comment obéir, tout en l'amusant ! Il s'agit d'ailleurs d'une étape essentielle pour que votre toutou apprenne sa place dans votre famille.
- ○ **L'éveil** : un jeu éducatif pour chien va systématiquement permettre à votre toutou de se développer intérieurement. Grâce au jeu, votre animal découvre le monde, apprend de nouvelles règles.
- ○ **L'exercice** : les jeux de chien participent également à améliorer les capacités physiques de votre chien. Eh oui, quand ils vont chercher la baballe ou qu'ils courent, ils peuvent se dépenser à loisir ! Mieux encore, aller chercher un bâton ou une balle leur permet même de développer leur odorat.

○ **L'éducation du chien** : jouer avec un chien permet également d'éduquer son chien. Et oui, un chien qui joue doit forcément être bien éduqué. "Va chercher", "lâche la balle" ou encore "au pied" seront des commandes nécessaires à apprendre, qui seront grandement facilités par les jeux d'éducation.

UTILISER LE JEU POUR L'ÉDUCATION DU CHIOT

Pour terminer, il faut retenir que l'éducation d'un chiot peut grandement être facilitée par le jeu. Dès ses premières semaines, un chiot va chercher à trouver sa place dans votre famille ! Et aura besoin de repères et de découvertes pour mieux comprendre son rôle.

Grâce aux jeux de chiot, vous serez plus à même de tisser une relation solide avec votre animal. En effet, les jeux d'éducation du chien auront un effet social et formateur fort. Ils vous permettront donc de créer de solides bases pour l'éducation de votre animal !

COMBIEN DE TEMPS CONSACRER AU JEU ?

Il n'est pas difficile de comprendre que les jeux permettront à votre animal de rester en pleine santé. Que ce soit à travers des promenades ou un jouet pour chien, jouer avec son chien l'aide à faire de l'exercice et à vous respecter. Mais combien de temps un chien doit-il jouer ? Je vous dis tout...

DES EXERCICES ADAPTÉS À L'ÂGE

Commençons par évoquer les jeux qui exigent des précautions toutes particulières. Car quand ils sont petits, ils ont moins d'endurance qu'à l'âge adulte... ce qu'il faut prendre en compte !

Pour être heureux, un chiot doit profiter au maximum d'une demi-heure de promenade, deux fois par jour. Profitez-en pour jouer avec lui, mais évitez de le faire courir plus de dix minutes d'affilée, ou d'insister pour qu'il fasse de l'exercice quand il semble fatigué.

Pour jouer avec un chiot, optez pour des jouets spécialisés. On évitera d'abimer les dents d'un chiot avec un jouet non adapté...

EXERCICES POUR UN CHIEN ADULTE

Contrairement au chiot, qui peut être rapidement fatigué, le chien adulte doit souvent faire beaucoup de jeux et d'exercices pour se dépenser. Si votre chien est sportif et joueur faîtes une heure de promenade minimum par jour (en deux fois), et des promenades de deux à trois heures une à deux fois par semaine. Vous pouvez également opter pour les sports canins comme le flyball, l'agility, etc. qui lui plairons tout autant.

Jouer avec son chien est une bonne manière de lui faire faire l'exercice dont il a besoin. Lancer une balle ou un frisbee pour chien incitera votre boule de poils à se dépenser... mais n'abusez pas !

Les jeux de lancer exigent beaucoup d'énergie. On conseillera d'y jouer au maximum pendant 20 minutes, pour ne pas fatiguer votre chien.

A la maison, vous pouvez continuer à jouer avec votre chien, par exemple avec une corde pour chien. Mais ne passez pas non plus tout votre temps à jouer avec lui ! Pour être calmes et sages, ils ont besoin d'être laissés seuls de temps à autre. Il faut d'ailleurs leur montrer clairement que vous seul décidez quand c'est le moment de jouer.

N'hésitez pas à acheter un jouet pour chien à mâcher comme le jouet kong par exemple, pour que votre animal s'amuse seul quand vous êtes absent ou que vous ne voulez tout simplement pas jouer avec lui !

LES JOUETS DANGEREUX POUR VOTRE CHIEN

N'oubliez pas que tous les jouets pour chien ne sont pas sûrs. En effet, il existe de nombreux jouets pour chien dangereux. Dès lors, laisser un chien jouer avec n'importe quoi peut comporter des risques. Voici tous les conseils pour que vous soyez certain d'acheter des jouets sûrs à 100% pour votre toutou !

LES JOUETS DANGEREUX

Pour commencer, étudions les jouets pour chien vendus en animalerie ou sur les sites spécialisés. Il faut en effet savoir que ce n'est pas parce qu'un jouet est vendu à destination des animaux qu'il est forcément bon pour votre chien.

Voici les jouets de chien à éviter absolument :

LES OS POUR CHIEN

Pour commencer, cassons le cliché du bon vieux "nonosse" ! Si les chiens adorent mâcher des os, cela reste dangereux pour eux. Même les os en nylon vendus dans les animaleries sont dangereux.

En effet, les os ont tendance à abimer les dents d'un chien, comme tous les jouets à mâcher qui sont trop durs. Le pire de tout reste bien entendu les os de volaille, qui se brisent et risquent d'entraîner des perforations intestinales.

Il faut absolument éviter ce type d'os ou friandises pour chien.

LES VIEUX JOUETS POUR CHIEN

Même si choisir un jouet pour chien est parfaitement sûr en neuf, tous les jouets en caoutchouc un peu vieillis sont potentiellement dangereux. En effet, un jouet abîmé risque de perdre de petites parties, que le chien n'arrivera pas forcément à digérer.

À l'arrivée : risques de problèmes digestifs ou de complications plus dangereuses. **Moralité** : jetez toujours vos jouets pour chien qui vieillissent. Rassurez-vous, votre toutou sera ravi de recevoir un autre jouet tout neuf en compensation !

LA COMPOSITION DES JOUETS POUR CHIEN

Pour conclure sur cette partie, je tenais à rappeler que certains jouets pour chien en caoutchouc contiennent des produits potentiellement dangereux :

- Les phtalates
- Le bisphénol 1

Totalement interdits dans les jouets destinés aux enfants, ces composés se retrouvent encore très souvent dans les jouets pour chien. Or, ils pourraient avoir des conséquences néfastes sur la santé d'un chien.

Pour éviter ce type de produits, achetez uniquement des produits sans phtalates et des jouets composés de plastique sans bisphénol.

Bon exemple, le jouet kong pour chien, totalement sûr !

D'AUTRES JOUETS DANGEREUX POUR LES CHIENS

Les jouets pour chien ne sont pas les seuls responsables de risques. On peut également citer les jouets qui ne sont pas conçus pour les chiens, mais que certains maîtres confient tout de même à leurs toutous.

Voici quelques exemples des jeux de chien à éviter :

LES BOIS DE CERF

Je n'ai jamais vu de chien avec un bois de cervidé en France. En revanche, nos amis québécois choisissent parfois ce type de jouet pour chien. Il faut dire que les toutous aiment souvent mâchonner les bois de cervidé.

En réalité, ce type de jouet à mâcher est extrêmement mauvais. Le bois de cerf est en effet trop solide. Il risque tout simplement de casser les dents du chien. À proscrire !

Dans le même ordre d'idée, on évitera de laisser son chien mâcher les bâtons de bois ou tout ce qui peut être trop solide pour ces dents.

LA BALLE DE TENNIS

Autre grande erreur que trop de maîtres confient à leurs chiens : la balle de tennis. Cette dernière est extrêmement mauvaise pour un toutou.

En effet, les balles de tennis sont composées d'une matière abrasive, qui va abîmer les dents du chien à une vitesse grand V. Sans oublier qu'une balle de tennis est facile à mettre en charpie... et à avaler ! On ne prendra donc pas la mauvaise habitude de donner une balle de tennis à un chien.

On évitera également la balle en caoutchouc, bien trop facile à avaler pour un animal. Préférez les jouets pour chien de grande taille, conçu pour un mâchouillage en toute sécurité.

CHOISIR UN JOUET POUR CHIEN SÛR À 100%

Pour conclure, voici la méthode pour acheter des jouets ! Il faut se contenter tout simplement d'examiner l'ensemble des points suivants :

○ **La taille** : ne laissez pas votre chien jouer avec quelque chose qu'il pourrait avaler. Un jouet pour chien doit être plus grand que sa gueule. On évitera cependant les jouets trop imposants, qui peuvent être trop lourds et difficiles à porter.

- **Les petits éléments** : privilégiez toujours un jouet qui ne peut pas se démonter. Si votre jouet comporte de petites pièces, le chien pourrait les arracher, puis les avaler. À éviter !
- **La solidité** : évitez également les jouets pour chien trop durs et trop solides. Si vous n'arrivez pas à tordre ou à plier un jouet à mains nues, il sera trop difficile à mâcher pour votre animal, et risque donc de lui faire mal.
- **La composition** : enfin, privilégiez systématiquement les jouets sans phtalates et bisphénol A, pour les raisons évoquées plus tôt.

COMMENT CHOISIR LES BONS JOUETS ?

Tous les chiens adorent les jeux ! Il faut dire que les jeux sont très stimulants notamment pour un jeune chiot, et qu'il vaut mieux donc choisir un bon jouet pour chiot quand on cherche à gâter sa petite bête. Voyons ensemble quel jouet choisir !

QUEL JOUET CHOISIR ?

Si jouer avec son chien ne se résume pas à lui acheter un jouet, cela reste important d'acheter à votre toutou un jouet qu'il appréciera ! Pourquoi cela ? Tout simplement car ils adorent jouer et mordiller leur jouets. Si vous n'offrez pas un jouet à votre animal, il risque de s'accaparer une serviette, une chaussure ou un autre de vos effets personnels !

Il existe une multitude de jouets. L'essentiel est toujours de choisir un jouet pour chien spécialement conçu pour les animaux. Évitez ainsi les balles de tennis et autres jeux d'humain, qui peuvent abîmer les dents, voire être toxique !

Parmi les jouets pour chien disponibles, en voici ceux que je vous conseille :

LA BALLE POUR CHIEN

Commençons avec le grand classique qu'est la balle pour chien. Jouet pour chien résistant et simplissime, la célèbre baballe est une valeur sûre... à condition que votre animal soit du genre à aller chercher.

Si la baballe est une valeur sûre, faites attention à ne pas la jeter trop haut. Un chien peut se blesser ou se faire une torsion du dos en sautant. Choisissez également une balle pour chien et non pas une balle de tennis. Les balles qui ne sont pas précisément destinées aux chiens peuvent leur abimer les dents.

LE FRISBEE POUR CHIEN

Si vous aimez lancer les jouets, optez pour un frisbee ! Particulièrement intéressant pour pousser votre chien à courir et à faire de l'exercice, le frisbee doit être attrapé au vol. Tout comme pour la balle, optez pour des lancers plats et pas trop hauts pour que le chien n'ait aucun problème de réception.

Il existe aussi des frisbees en peluche pour les chiots. Encore une fois, je vous recommande d'acheter un frisbee pour chien, souvent plus résistant qu'un simple frisbee.

LE BÂTON DE BOIS

Quand un maître ne dispose pas d'un jouet pour chien sous la main, il peut aussi s'emparer des jouets que lui offre la nature. Nous autres les chiens, nous aimons beaucoup les bâtons de bois. Lancer un bâton est une bonne manière de jouer avec son chien.

Mais attention ! Tous les bâtons de bois ne font pas des jouets pour chien. Optez pour un bâton simple, sans branches ni morceaux qui risquent de blesser votre animal. Le bâton de bois doit également être assez résistant pour ne pas finir dévoré, et assez léger pour ne pas risquer d'assommer le chien.

LES JOUETS À MÂCHER

Quand on parle de jouet pour chien, il ne faut pas oublier qu'ils sont capables de jouer tous seuls. C'est même très bien de leur offrir un jouet pour chien éducatif qui peut nous occuper quand nos maîtres sont absents.

Il existe également une multitude de jouets pour chien à mâcher. Choisissez un jouet à mâcher adapté à la taille de votre animal. Optez également pour un jouet à mâcher qui ne comporte pas de petites pièces. Attention, le bruit du jouet pour chien, s'il est très utile pour inciter un chiot à jouer, peut vite devenir énervant...

<u>LES JOUETS KONG</u>

Dans la catégorie jouet à mâcher, les jouets Kong sont des jouets chien éducatifs qui peuvent vous aider à éduquer et à récompenser un chien. Un jouet kong est souvent constitué de caoutchouc, et peut contenir différentes friandises. Il s'agit à la fois d'un jouet et d'une récompense, puisque le chien va s'amuser avec son jouet kong pour récupérer la nourriture.

<u>LA CORDE</u>

Si votre chien n'aime pas le va-chercher ou que vous désirez un jouet pour chien utilisable à l'intérieur, la corde reste un excellent choix ! Les jouets pour chien "à tirer" vous permettent de vous mesurer directement avec votre chien. Vous tirez d'un côté, et ils tirent de l'autre ! Si l'exercice peut ressembler à un rapport de force, il est très amusant.

Pour autant, il faut apprendre à votre chien à lâcher la corde sur ordre et à le tempérer. La corde est souvent un jouet pour gros chiens et chiens sportifs. Il s'agit d'un jouet résistant et très durable qui, contrairement à la balle ou au frisbee, pourra être laissé au chien lorsqu'il est seul.

<u>LES PELUCHES POUR CHIEN</u>

Il existe de nombreux jouets en peluche pour chiots (aussi appelés doudous pour chiots). Ces derniers n'abîmeront pas les dents de votre animal et seront des jouets tout doux. **Mais attention** : ils ne risquent pas de faire long feu si votre chien a tendance à manger tout ce qui lui passe sous la dent !

COMBIEN DE JOUETS DOIT AVOIR UN CHIEN ?

Notez qu'il vaut mieux éviter de trop gâter son chien en jouets ! En effet, si vous achetez trop de jouets, votre toutou ne sera plus où donner de la tête... et aura tendance à croire que n'importe quel objet est un jouet potentiel !

Et oui, si votre toutou a le droit de mâchouiller des dizaines de jouets, comment pourrait-il comprendre qu'il ne peut pas mâchonner les chaussures, vêtements et autres effets personnels humains qui tombent à sa portée ?!

Ne donnez que deux à trois jouets à la fois, en les alternants, c'est déjà largement suffisant pour s'amuser !

JOUER À CACHE-CACHE

Beaucoup de personnes se compliquent la vie quand il s'agit de pratiquer des jeux avec leur chien. En effet, il n'est pas toujours nécessaire d'acheter des jouets pour chien interactifs ou compliqués. Parfois, une simple partie de cache-cache avec offre tout autant de détente et d'exercice à votre toutou.

COMMENT JOUER À CACHE-CACHE AVEC SON CHIEN ?

Si l'exercice peut paraître compliqué de prime abord, il est en réalité assez facile de jouer à cache-cache avec un chien. Pour cela, l'idéal est de jouer à deux (en plus du chien).

Voici comment procéder :

1. Un membre de la famille va maintenir le chien en place, pendant que l'autre part se cacher. L'idéal est de se cacher dans un endroit où vous n'êtes pas visible, par exemple derrière un canapé, sous le lit ou encore derrière une porte.

2. Une fois la première personne cachée, celle qui tient le chien peut le lâcher. Elle peut alors adresser un ordre, comme "Va chercher papa !", qu'elle changera pour chaque membre de la famille.

3. Si le chien ne trouve pas la personne cachée, cette dernière peut alors l'appeler. Elle réitérera cela toutes les cinq secondes, jusqu'à ce que le chien la retrouve. Cela permettra à votre toutou de ne pas se lasser durant le jeu. Une fois le chien dans la même pièce que la personne cachée, cette dernière doit cesser d'appeler. Si le chien éprouve des difficultés, la personne restée avec lui peut tenter de le guider vers la personne cachée.

4. Quand le chien gagne une partie de cache-cache (c'est-à-dire qu'il retrouve sa "cible"), la personne cachée doit le féliciter à l'aide de caresses ou d'une friandise pour chien.

Plus un chien jouera au cache-cache, et meilleur il sera ! À terme, tous les membres de la famille pourront jouer en même temps, pour rendre la partie plus amusante encore.

Vous pouvez également cacher son jouer préféré et lui demander de le retrouver.

IMPLIQUER TOUTE LA FAMILLE DANS LE CACHE-CACHE

Vous devez savoir que le chien est un animal de « meute ». Pour nous, notre famille est une véritable « meute ». Ce n'est d'ailleurs pas un hasard si un chien obéit souvent plus facilement au chef de la famille qu'aux enfants. C'est tout simplement car il a identifié qui était le chef dans sa famille !

Tout cela pour dire que le cache-cache du chien est un excellent jeu de « meute ». Il peut vous permettre d'impliquer toute la famille, sans oublier que vos enfants adorent probablement ce jeu.

Il vous suffit alors de vous cacher tour à tour pour jouer avec le chien. En lieu et place de dire "Trouve papa !", vous direz "Trouve maman", "Trouve Léa", etc. Cela sera une excellente opportunité pour que votre chien apprenne les prénoms de toute la famille !

INTÉRIEUR OU EXTÉRIEUR ?

Au départ, il sera préférable de jouer en intérieur, dans la maison. Votre toutou ne sera ainsi pas distrait par les bruits extérieurs, et aura moins de mal à trouver les personnes cachées. Ce sera une condition importante pour que votre chien apprenne à jouer à cache-cache.

Par la suite, libre à vous de tenter le jeu dans des espaces plus grands, comme votre jardin, puis pourquoi pas un parc public. Au fur et à mesure, vous pourrez augmenter la distance de jeu pour corser un peu les choses.

Attention cependant : ne libérez jamais un chien sans laisse dans une zone non clôturée, ou en tout cas pas avant de lui avoir appris le rappel. Un chien trop jeune risquerait de se perdre ou de fuir s'il est laissé seul dans un espace trop vaste.

L'INTÉRÊT DES JEUX DE CACHE-CACHE POUR UN CHIEN

Si le jeu de cache-cache peut vous sembler puéril, sachez qu'il a de nombreux avantages pour votre animal. On pourra par exemple citer les intérêts suivants :

- ⚪ Il entraîne l'odorat du chien.
- ⚪ Il pousse le chien à retrouver son maître plus facilement.
- ⚪ Il réveille les instincts de chasseur de l'animal, et le stimule donc beaucoup.
- ⚪ Il facilite le travail du rappel (le chien se souviendra de la récompense quand il trouve son maître)
- ⚪ Il renforce les relations entre un chien et sa "meute" (sa famille)

Au final, le cache-cache reste une excellente opportunité de s'amuser avec son chien, tout en participant à son éducation. À vous de tester !

APPRENDRE À UN ENFANT À JOUER AVEC UN CHIEN

Un chien qui attaque un enfant, voici la hantise de tous les maîtres qui sont également parents. Pourtant, un chien gentil avec les enfants est quelque chose de très courant, voire de naturel. Dans de nombreux cas, un enfant mordu par un chien sera en partie responsable de sa blessure, car il n'aura pas été initié aux jeux de chien. Je vais vous donner tous les conseils pour éviter qu'un tel drame ne se produise.

ATTENTION AUX CHIENS !

Même si votre chien est gentil comme tout, je me dois de vous mettre en garde contre les risques d'attaque sur un enfant.

En effet, les réactions des chiens, comme des enfants, sont parfois imprévisibles. Ainsi, il est indispensable de redoubler d'attention lorsqu'un chien et un enfant jouent ensemble. Et si cela est important quand c'est votre chien, ça l'est encore plus avec un chien inconnu.

Dans tous les cas, mieux vaut bien initier votre enfant aux jeux de chien pour éviter la morsure. De même, on ne laissera jamais un jeune enfant et un chien sans surveillance.

LES RÈGLES À SUIVRE

Pour limiter les risques qu'un chien attaque un enfant, mieux vaut adopter une série de règles élémentaires de sécurité. Voici les conseils à suivre absolument concernant les relations chien et enfant :

- ○ **Toujours surveiller les jeux**: par sécurité, on ne laissera jamais un chien et un enfant jouer ensemble sans surveillance. Cela vaut tout aussi bien lorsque c'est votre chien. C'est la règle la plus élémentaire pour éviter qu'un enfant soit mordu par un chien !

○ **Attendre avant d'adopter un chien** : la plupart des attaques d'enfant par un chien se font par un animal récemment adopté, souvent sur un enfant de moins de 7 ans. Si vous n'avez pas encore de chien, il peut être bon d'attendre que votre enfant soit en âge de bien se comporter avec un animal, avant l'adoption.

○ **Toujours parler au propriétaire d'un chien** : votre enfant veut caresser un chien ? Avant toute chose, demandez l'autorisation à son maître. Ce dernier pourra vous avertir si son chien n'aime pas être caressé ou est agressif. En règle générale, évitez de laisser votre enfant jouer avec un chien inconnu.

○ **Initier votre enfant** : dès que votre enfant est en âge de comprendre, n'hésitez pas à lui parler en détail des chiens, et à lui expliquer comment se comporter face à un chien.

APPRENDRE À JOUER AVEC UN CHIEN POUR UN ENFANT

Voici quelques conseils à apprendre absolument à votre progéniture lorsqu'elle joue avec un chien :

○ **Rester calme** : les cris et mouvements brusques peuvent paraître très agressifs pour un chien. Ils sont à éviter absolument, en particulier si le chien n'est pas le vôtre.

○ **Être patient** : comme les humains, ils ont besoin de temps pour s'habituer à des gens inconnus. Un enfant devra donc bien prendre le temps de se "présenter" à son chien. Il devra éviter les gestes trop brusques ou les câlins dès le départ.

○ **Éviter les agressions** : parfois, les enfants aiment frapper, pincer, voire mordre. Il faut leur apprendre qu'un chien déteste cela... et risque de riposter !

○ **Laisser un chien tranquille** : vos enfants doivent apprendre à ne pas déranger un chien qui dort ou qui mange. Les incidents de morsure de chien surviennent souvent lors de ces périodes délicates, durant lesquelles un chien est sur ses gardes. De même si le chien ou le chiot s'amuse avec ses jeux à lui.

○ **Ne pas s'approcher de la gueule** : recommandez également à votre enfant de ne pas jouer avec la gueule d'un chien. S'approcher trop près des dents du chien peut en effet accentuer les risques de morsure.

Avec toutes ces règles en tête, votre enfant devrait bien se comporter auprès des chiens. Ceci, et votre surveillance permanente lors des jeux de chien, vous permettront d'éviter tout risque d'accident. Une relation chien enfant saine apportera beaucoup, pour votre enfant tout comme pour votre toutou.

LES SPORTS CANINS

INFORMATIONS SUR L'AGILITY

Nombreux sont les maîtres qui recherchent des jeux exigeants, qui permettront à leur toutou de dépenser son énergie tout en améliorant sa discipline. Grâce à l'agility, vous pourrez faire cela tout en vous dépensant par la même occasion. Zoom sur ce sport de chien pas comme les autres !

A LA DÉCOUVERTE DE L'AGILITY

Vous n'avez jamais entendu parler de l'agility ? Il s'agit tout simplement d'un sport pour chien aussi exigeant qu'amusant, qui permet à un maître de courir avec son chien dans un parcours d'obstacle !

Le concept est simple : votre animal doit courir à travers différents obstacles, sans laisse ou collier, pendant que vous le guiderez à la voix, sans jamais le toucher mais en courant à ses côtés. En situation de compétition d'agility pour chien, le parcours doit être effectué dans un temps précis, et des pénalités de temps sont appliqués à la moindre faute de votre toutou.

L'INTÉRÊT DE L'AGILITY

Si ce sport peut paraître complexe d'un premier abord, il aura de nombreux avantages pour vous et votre toutou :

- **Le chien se dépense** : l'agility exige une grande énergie de votre chien. C'est donc particulièrement utile pour un chien qui vit dans un petit espace, ou encore pour un chien hyperactif, qui a besoin de se dépenser.
- **Vous améliorez la discipline de votre chien** : seul un chien parfaitement éduqué peut réussir un parcours d'agility. Voilà pourquoi pratiquer ce sport peut vous permettre d'apprendre à mieux éduquer votre cher toutou.

○ **Vous renforcez votre relation avec votre chien** : l'agility est un sport d'équipe. Il est certain que votre relation avec votre toutou en sera renforcée et plus belle !

LE MATÉRIEL NÉCESSAIRE POUR PRATIQUER L'AGILITY

Si vous souhaitez faire de l'agility avec un chien, il se peut que vous ayez besoin d'un minimum d'équipement ! Voici les accessoires d'agility du chien qui pourraient vous aider :

○ **Obstacles d'agility** : qui dit agility dit parcours d'agility. Généralement, vous trouverez des obstacles pour l'agility du chien dans des clubs dédiés à ce sport. Cela reste moins coûteux que de vous procurer vos propres obstacles, surtout si vous commencez à peine !

○ **Un kit agility** : si vous souhaitez vous entrainer à l'agility avec votre chien, il existe des kits agility qui contiennent différents obstacles et peuvent vous permettre de créer un parcours d'agility directement dans votre jardin !

○ **Des friandises pour chien** : pour apprendre l'agility a son chien et lui faire aimer ce sport, il est indispensable de pouvoir le récompenser de manière régulière ! Pour cela, des friandises ou des biscuits pour chien feront très bien l'affaire.

OÙ FAIRE DE L'AGILITY AVEC SON CHIEN ?

Si vous souhaitez découvrir ce sport, le mieux est d'intégrer un club d'agility du chien dans votre région. Généralement, il vous coûtera une petite centaine d'euros par an pour l'abonnement à un club d'agility, et cela vous permettra de découvrir ce sport pas à pas, aux côtés d'autres passionnés.

Notez qu'il faut un minimum d'éducation du chien pour pratiquer ce sport. Il se peut donc que vous ayez besoin de passer par les services d'un éducateur canin. Cela vous permettra néanmoins d'allier l'utile à l'agréable en mêlant sport et éducation du chien !

INFORMATIONS SUR LE FLYBALL

Il s'agit d'un jeu unique, grâce auquel vous allez pouvoir renforcer vos liens avec votre animal. Découvrons cela ensemble !

QU'EST-CE QUE LE FLYBALL ?

Le flyball est un jeu qui fait fureur au États-Unis et au Canada. On y organise même de véritables tournois de flyball !

Il faut dire qu'il s'agit d'un sport canin très intéressant. Le flyball met en place un parcours pour chien longiligne, composé de quatre haies et à la fin duquel se situe un lanceur.

Le but est simple : votre chien doit parcourir seul ce parcours d'obstacles pour chien, appuyer sur la pédale du lanceur pour déclencher l'éjection d'une balle, attraper la balle au vol et refaire le parcours en sens inverse pour la ramener à son maître.

Si cela paraît simple quand on découvre pour la première fois une compétition de flyball, autant dire que ce sport pour chien nécessite une solide préparation !

LES AVANTAGES DU FLYBALL

Comme de nombreux sports pour chien, le flyball va vous permettre de nouer une relation plus profonde avec votre toutou.

Il s'agit par ailleurs d'un jeu pour chien qui stimule grandement votre animal et favorise l'éducation. Votre cher toutou sera plus sociable, apprendra le rappel et le lancer d'objet, le tout en se dépensant au maximum.

L'un des grands avantages du flyball pour chien, en comparaison avec l'agility, est que le maître n'a pas à courir aux côtés du chien. Ce sport canin est donc ouvert aux personnes âgées ou aux personnes à mobilité réduite. Votre chien devra cependant avoir une forme olympique !

OÙ PRATIQUER LE FLYBALL ?

Serez-vous surpris si je vous dis que la France a un petit retard dans la pratique du flyball ? Heureusement, cette activité canine reste assez populaire dans l'hexagone, et vous ne devriez pas avoir trop de mal à trouver un club canin qui la pratique. Depuis 2005, on découvre même des tournois de flyball en France, qui sont depuis de plus en plus répandus.

L'idéal, comme souvent, est d'intégrer une association de flyball, qui vous permettra de disposer de tout l'équipement et du savoir-faire nécessaire. Mieux vaut cependant que votre animal soit déjà bien éduqué, et dans une bonne condition physique.

Vous pouvez également décider d'acheter un harnais de flyball et un parcours pour chien pour pratiquer seul cette activité, mais cela sera plus coûteux et plus difficile.

INFORMATIONS SUR LE JUMPING

Trouver un sport pour chien adapté à votre toutou est une vraie aubaine ! En effet, un chien qui se dépense est un chien heureux et agréable à vivre. Sans oublier que les jeux de chien vous permettent souvent d'affirmer votre autorité sur votre cher toutou. Si vous cherchez justement une activité pour chien exigeante et amusante, optez pour le jumping.

QU'EST-CE QUE LE JUMPING ?

Le jumping est un sport pour chien qui, comme son nom l'indique, travaille le saut du chien à travers un vrai parcours d'obstacle. Un parcours de jumping est ainsi souvent constitué de slaloms, de tunnels et d'obstacles, librement placés en fonction des désirs du maître ou d'un juge.

Il existe en effet des compétitions de jumping pour chien, qui sont préparées et encadrées par un jury, et s'appuient sur des règles strictes. Sont notamment évaluées la précision des mouvements du chien, ainsi que la qualité du duo chien et maître.

Mais si la compétition vous effraie, notez qu'il est tout à fait possible d'exercer le jumping en club canin. C'est en effet une excellente manière de renforcer votre relation avec votre animal. Et si ce loisir devient une passion, vous pourrez passer votre licence auprès de la commission nationale d'éducation et d'agility, de manière à participer à des compétitions.

LE MATÉRIEL NÉCESSAIRE

Envie de tenter votre chance et d'essayer le jumping ? Il sera forcément nécessaire de contacter un club d'agility du chien, ou de jumping. Contre une cotisation annuelle généralement très abordable, vous pourrez pratiquer librement auprès d'autres passionnés de chien.

Et si vous souhaitez continuer l'expérience chez vous, notez que vous pouvez tout à fait acheter de quoi créer un parcours de jumping :

Obstacle pour chien : il existe un grand nombre d'obstacles pour chien, qui vous permettront de créer le parcours idéal.

Tunnel pour chien : qui dit jumping dit forcément tunnel pour chien. Il est possible de se procurer des tunnels pour chien très pratiques, pour l'entrainement au jumping.

Slalom pour chien : enfin, il vous faudra travailler les slaloms, en achetant un parcours de slaloms.

LES CONDITIONS PRÉALABLES

Pour terminer, notez qu'il sera bien sûr nécessaire que votre chien soit correctement éduqué pour pratiquer le jumping. Si votre chien ne vous obéit pas au doigt et à l'œil, autant dire que vos parcours d'obstacles seront chaotiques !

Mais ne soyez pas découragé pour autant : beaucoup de maîtres utilisent le prétexte du sport canin pour mieux éduquer un chien et renforcer leur relation et leur complicité avec ce dernier. Il vous suffit donc de travailler dans un premier temps avec un éducateur canin, pour initier peu à peu votre toutou au jumping.

En plus de faire se dépenser votre chien, vous aurez de meilleures relations avec lui et serez à même de lui faire vous obéir !

INFORMATIONS SUR L'OBÉRYTHMÉE

Je vais vous parler de l'obérythmée. L'obé-quoi ?! Ce sport canin (dont le nom est le diminutif d'obéissance rythmée) est un mélange de sport canin et d'obéissance qui est de plus en plus populaire en France. J'ai attisé votre curiosité ? Dans ce cas, laissez-moi vous présenter l'obérythmée !

QU'EST-CE QUE L'OBÉRYTHMÉE ?

Comme de nombreux jeux, l'obérythmée nous vient directement de l'étranger, puisqu'elle a été créée en Angleterre. C'est sous le nom de Heelwork to Music qu'on la connaît là-bas.

Ce jeu dérivé de l'obéissance est une sorte de danse, à travers lequel le maître et son animal évoluent au rythme de la musique ! Voilà pourquoi on parle d'obéissance rythmée. L'obérythmée est un sport canin officiel, puisqu'il a été reconnu par la SCC. De plus en plus de clubs canins ou d'associations la pratiquent !

L'INTÉRÊT DE L'OBÉISSANCE RYTHMÉE ?

Loin d'être une simple danse avec son chien, ce sport canin a un double intérêt :

- ◯ Il s'agit d'un jeu qui va donc vous aider à éduquer un chien de manière ludique.
- ◯ Il s'agit d'un sport canin, qui va vous permettre de partager une activité intense et amusante avec votre chien, tout en renforçant votre relation avec lui.
- ◯ Si le domaine de la danse vous intéresse autant que votre passion des chiens, l'obérythmée sera clairement le sport canin idéal pour vous. Il vous permettra en effet de créer de véritables chorégraphies avec votre animal, et même de vous représenter en public !

○ L'obéissance rythmée sera quoi qu'il en soit un excellent moyen d'aider votre chien à se dépenser, tout en le poussant à mieux obéir et à donner le meilleur de lui-même.

OU APPRENDRE L'OBÉRYTHMÉE ?

L'idéal pour exercer l'obéissance rythmée est encore de rejoindre un club canin qui la pratique ! Si ce sport pour chien est ouvert à tous les chiens et à tous les maîtres, il exige une certaine discipline de l'animal, et beaucoup de travail.

Le mieux est encore de pratiquer l'obérythmée auprès d'un professionnel, qui vous aidera à éduquer votre chien grâce au renforcement positif. Quoi qu'il en soit, il sera indispensable que votre chien soit parfaitement éduqué pour exercer ce sport canin !

ET MAINTENANT...

Nous espérons de tout cœur que cet ouvrage vous a inspiré et vous a permis de vous rapprocher de votre Chihuahua.

Maintenez et alimentez au quotidien votre relation avec votre chien, il n'y a pas de limite aux activités complices que vous pouvez inventer pour passer d'incroyables moments ensemble.

A présent, conservez ce livre et n'hésitez pas à y puiser un peu d'inspiration lorsque vous en ressentez le besoin. Ses ressources seront toujours disponibles pour renforcer votre complicité avec votre Chihuahua.

Ne le ranger pas dans un carton, il pourrait bien vous être utile dans un avenir très proche !

Si ce livre vous a plu et que vous souhaitez nous aider à le faire connaître, vous pouvez nous écrire un gentil commentaire sur sa fiche dans la boutique Amazon.

Merci pour tout,

L'équipe de Mouss Le Chien

Édité en octobre 2017 - CARRE MOVA Édition

Printed in Great Britain
by Amazon